大学生创新创业的理性指导与分析

姜家兴 著

北京工业大学出版社

图书在版编目（CIP）数据

大学生创新创业的理性指导与分析 / 姜家兴著． —
北京 ：北京工业大学出版社，2021.2
ISBN 978-7-5639-7834-2

Ⅰ．①大… Ⅱ．①姜… Ⅲ．①大学生—创业—研究
Ⅳ．①G647.38

中国版本图书馆 CIP 数据核字（2021）第 034130 号

大学生创新创业的理性指导与分析
DAXUESHENG CHUANGXIN CHUANGYE DE LIXING ZHIDAO YU FENXI

著　　者：姜家兴
责任编辑：郭志霄
封面设计：知更壹点
出版发行：北京工业大学出版社
（北京市朝阳区平乐园 100 号　邮编：100124）
010-67391722（传真）　bgdcbs@sina.com
经销单位：全国各地新华书店
承印单位：天津和萱印刷有限公司
开　　本：710 毫米 ×1000 毫米　1/16
印　　张：10.75
字　　数：215 千字
版　　次：2022 年 5 月第 1 版
印　　次：2022 年 5 月第 1 次印刷
标准书号：ISBN 978-7-5639-7834-2
定　　价：58.00 元

前 言

随着高等教育的发展，高校毕业生的数量不断增加，大学生的就业压力也在持续增加。因此，高校毕业生的就业成为国家政治稳定、社会经济发展、保护国民基本利益的一大综合课题。现在，高校毕业生就业困难是学校、家庭和社会的焦点问题。解决大学生的就业问题，是大学工作的首要事项，在促进就业、唤起内需、促进经济发展、关心人民生活、维持社会稳定、构建和谐社会方面发挥重要作用。

创新是一个民族进步的灵魂，也是一个国家兴旺发达的不竭动力。21 世纪的竞争是经济和综合国力的竞争，实际是科技和教育的竞争，归根结底是高素质人才的竞争。创新创业教育作为一种全新的教育理念，在新形势下，结合大学生就业，加强大学生创新精神和创业能力的培养是高校人才培养的战略性问题，关系到经济发展、社会进步、振兴民族大业，因此已成为我国高等教育改革发展的重要任务。

本书将以此为背景，对大学生创新创业进行理性指导与分析。本书共分七章，第一章为创新与创业，主要内容有创业、创业精神、大学生创业，创新是创业之本；第二章为创新意识与创新思维的培养与训练，主要内容有创新意识的培养、创新思维训练与实施；第三章为大学生创业形势与政策分析，主要内容有大学生创业环境及现状、国外大学生创业政策、我国大学生创业政策；第四章为大学生创业能力与素质，主要内容有大学生创业应具备的能力、创业素质评估、创业心态调整；第五章为大学生创业项目选定与团队管理，主要内容有创业项目的选择、考察和确定创业项目、创业团队的组建与管理、团队激励与文化建设；第六章为大学生创业风险评估与规避，主要内容有创业风险概述、创业各阶段的风险、创业机会与创业风险的识别、创业风险的规避与防范措施；第七章为大学生创办企业的经营管理，主要内容有大学生创业企业管理、大学生创业企业营销。

为了确保内容的丰富性和多样性，笔者在撰写本书过程中参考了大量理论与研究文献，在此向涉及的专家学者表示衷心的感谢。

最后，限于笔者水平，加之时间仓促，书中难免存在不足之处，在此，恳请读者批评指正。

目录

第一章　创新与创业

创新是一个民族进步的灵魂，也是一个国家兴旺发达的不竭动力。创新是创业者精神的基础，创业促进创新。本章将重点分析创新与创业的相关内容，主要包括创业、创业精神、大学生创业相关概念，创新与创业的关系，大学生创新创业教育的意义等内容。

第一节　创业、创业精神、大学生创业

一、创业

许多研究者在总结创业的定义时有不同的视角和范畴。一般来说，创业可以分为狭义和广义两个层面。广义的创业是指“其本质在于抓住机遇、整合创造性资源、创新和快速行动”，创业行为广泛存在于各种组织和各种商业活动中，而利用创业精神开展工作是取得成就和进步的先决条件。

从涵盖的范围来看，广义的创业是指社会生活各个领域的人们为了创新的社会所从事的社会实践活动。广泛的创业对主体在社会实践中的能动性进行了特别强调，这种能动性体现的是一种特定的精神、技能和行为方式。严格意义上的创业精神是一种经济类别，是指经济活动，其主要为社会提供产品和服务，建立某种形式的商业组织，目的是创造价值和就业机会。

狭义的创业包括两个方面的内涵。

一方面，创业是人们的一种经济活动，它以创造财富或追求经济效益作为目的。

另一方面，创业活动以创办企业为标志。创办企业是创业活动有别于其他经济行为最为直接的标志和特征。

创业是企业家通过发现和识别商业机会，组织各种资源提供产品和服务来

创造价值的过程。从本质上讲，它指的是一种更广泛、更全面的思维、推理和行动方法，它必须执着于商业机会，并具有高度平衡的领导能力。

大学生创业群体因其身份的不同而具有独特的意义。大学生自主创业是指一部分有思想、有勇气的大学生，利用自己的知识、技术、人才和资源，为自己在社会上的生存和发展开辟一条新的道路，通过自己的力量创造一个新的社会经济单元。他们不是现有职位的竞争对手和占有者，而是为自己和更多的社会人创造就业机会，直接为社会创造价值的先驱。

大学生自主创业不仅要求大学生结合专业特点，根据市场前景和社会需求，创造新技术、新产品、新服务，而且要直接面向市场、面向社会，为社会创造价值，不断体现自身价值。目前，大学生自主创业在当前学生整体就业的占比虽然不算太突出，与学生所学专业看起来也没有直接的联系，但它给大学生指出了一个新的就业方向，引领了一种新的就业趋势。

（一）创业的特征

创业属于现代社会经济活动范畴，是其中的一种基本方式，和其他经济活动相比较有着自己固有的一些特征，把这些特征概括起来说，就是创业的自主性、社会性和风险性更强，也更显著。

首先是创业的社会性，主要表现在以下几个方面。（1）创业这一活动是承载着重要的社会使命的，它的社会意义和价值都是不可替代的。（2）在实施创业活动的过程中所产生的创业意识、创业机制和整个创业过程都具有广泛的社会性。

其次是创业的自主性，这很好理解，因为创业活动除了是在社会中进行的实践活动，它本身也是一种主体性行为，是创业者自主意识和能动精神的充分体现。

最后是创业的风险性，这主要体现在创业活动是一般经济活动所共有的特征。

（二）创业的分类

创业可以分为独立型创业、复制型创业和创新型创业三种。

1. 独立型创业

独立型创业指创业者主要依靠自己的力量，独立、自主地创办公司。独立型创业的范畴是相对而言的，是母体分离和企业内创业相对应的创业类型。独立型创业是在所有创业实践活动中比较艰巨和挑战性较强的。就主体而言，可以是个体企业家或创业团队。

2. 复制型创业

复制型创业指创业者所创办的企业经营模式是复制市场上已有的企业的经营模式，在经营方式和产品服务方面企业的创新性不是很大。复制型企业没有很强的创新性，尤其是科技方面，这是复制型企业的主要特点，也是影响这类型创业企业价值的主要原因。

3. 创新型创业

创新型创业指创业者通过提供有创造性的产品或服务，以填补市场需求的空白。它的价值在于能够提供具有创造性的产品和服务来满足市场以及社会不断增长的物质和文化需求。创建创新型企业是一种典型的创业行为。

（三）创业的基本要素

人才、技术、资本与市场是构成创业的四大核心要素，四者中又以人才最为重要。一个成功的创业者需要熟悉各种人才、市场、财务和法律，并通过获得和培养人才，成功地经营所创立的企业。

1. 人才

人才是创业过程和未来发展中最重要的因素。对知识和人才的发现和运用是创业的核心环节。现代风险投资的创始人乔治·多里奥说过：“我认为最好是投资于拥有二流想法的一流创业者，而不要投资于拥有一流想法的二流创业者。”创业不仅需要好的技术，还需要其他的资格和能力。因此，创业者和合作伙伴的素质和能力是创业者成功的首要因素。

2. 技术

技术是实际应用知识的手段、方法、工具。企业存在于社会中，需要的技术与科学家的科技观并不完全一致。社会需要的技术应该以科学为基础，满足社会的实际需要。因此，只是技术先进并不能保证企业活动的成功。所选择的技术与现实是等价的，在职业生涯开始的时候可能会显得比较混乱，但一般来说，这种技术会获得普遍的适用性，能够快速完成生命周期。

3. 资本

从创业的角度来看，创业资本是创业的核心要素。有学者总结了近千家企业的失败原因，排在榜首的就是资金匮乏。就像大家所说的那样：“钱不是万能的，但没有钱是万万不能的。”无论技术有多好，想法多有创意，没有钱一切都只是空想。

4. 市场

企业的存在是因为能够满足市场的需要，如果没有市场需求，那么，新创的企业就没有生存的价值，自然也就不能生存。目标市场是要在创业之前明确认定并充分考证的，市场的容量、相似产品之间的竞争力、潜在的市场生长力、市场的持续发展力等因素都是需要提前考虑的内容。

一个好的商业模式，除了产品外，一般而言要全面考虑下面九大点。

（1）目标客层（Customer Segment）；

（2）价值提供（Value Propositions）；

（3）产品通路（Channels）；

（4）客户关系（Customer Relationships）；

（5）营收来源（Revenue Streams）；

（6）关键资源（Key Resources）；

（7）关键活动（Key Activity）；

（8）关键伙伴（Key Partnerships）；

（9）成本结构（Cost Structure）。

以开咖啡店而言，大部分人直觉考虑到的都仅仅是（2）、（3）、（4）点。觉得自己泡的咖啡比星巴克好喝（提供价值），然后专心想要设计什么样感觉的店面（产品通路），以及思考店面应该有什么样的氛围，才能让客户流连忘返（勉强算客户关系）。

除此之外，营运上还有很多核心事项需要准备，包含想做哪个族群的生意？怎么定价？怎么控制产品的成本？需要哪些员工？如何让客户知道自己的店？需要哪些供货商？如何跟他们合作？营运的核心流程怎么制定？

对于那些梦想着开店的人来说，这个主题有一种乏味的倾向，他们觉得咖啡店的浪漫部分已经被破坏了。但没有它，这个创业就不会长久。虽然我们看到了很多不错的店铺，但是由于位置不好或者成本管理不好或者长期无法保持质量的一致性，市场被破坏了。

下面一起来看看这九大点的细节。

（1）目标客层。

请思考你做这个生意时，你的商品或服务到底是要卖给谁。

是大众的市场？是小众的利基市场？是精致优雅专打女性下午茶的市场？是读书学生的市场？这些会影响你的商品结构、成本结构、装潢、地点、服务、流程，以及很多其他的事情。比方说你咖啡煮得很好、用料实在，可是开店的位置都是些不懂咖啡的族群（如某个乡下），那他们会觉得你的定价过高，觉得宁愿去喝超市咖啡。这时，你虽然有很好的质量，可是价格太高，质量又无法吸引住客群，这种店自然无法持续下去。

（2）价值提供。

这个店到底卖的是什么东西？

每次很多人听到这一问题就会不懂，心想咖啡店卖的不就是咖啡吗？对，但对顾客而言，价值未必就是产品本身。比方说有些咖啡店可能卖的是“解决商务人士在外面谈事情的需求”，也可能是“便宜使用无线网络的环境”。这时候，咖啡反而是买座位的门票。

也有些店卖的是归属感，是气氛。甚至如星巴克，现在卖的恐怕是品牌的品位。大家去消费未必单纯是为了咖啡，很多时候可能想买的是拿着印有星巴克标识的杯子走在路上的时尚感。

总之，每种目标与要求，对于产品规格、质量要求、装潢、布置、人力等各因素都可能不同。比方说有些需要宽大的场所，有些只要个吧台就可以。这就影响店面的大小、房租、装潢、氛围、员工人数等各类不同的变因。

（3）产品通路。

除了产品交送这件事情外，也包含让潜在客户知道你的途径、让客户分辨你与他人的差异，以及客服的处理途径。这一点是大部分想开咖啡店的人都会花心思去想的。

（4）客户关系。

不同的目标与客层，会影响你的客户关系经营。有些需要很深的一对一接触，有些需要口碑效应，有些放任他们不管其实也无所谓。搞清楚自己要什么，设计的流程才能符合效益。

（5）营收来源。

你的生意要怎么赚钱？

有些店除了咖啡外，可能也卖点心与简餐。甚至有些装潢风格特殊的店，也靠租用空间或包场给别人举办文艺活动来赚钱。

除了卖单次的产品外，经营者也要思索如何让消费者增加购买。比方说卖优惠券让消费者可以一次买 10 杯，或是搭配套餐可以折价。除了这些之外，商品定价也是关键的一点。定价未必一律便宜就好，这涉及你的店面目标、客层定位，甚至跟后面会提到的成本结构有关系。如果想的不仔细，大家可能很喜欢你的店面，但你月底结算会发现自己入不敷出，生意也难以维系。

（6）关键资源。

要思考自己对关键资源的掌握情况。

以咖啡店来说，豆子、咖啡机、煮咖啡的人，都可能是关键资源。要么就是自己会，要么就是能在合理的成本下雇用（或取得）。若都不行，那这个生意肯定无法执行。

当有个好点子想创业时，可以问问自己掌握了哪些关键资源，或是否能在合理的成本下掌握这些资源。若无法掌握关键资源，空有点子是不可能成功的。

（7）关键活动。

简单地讲，就是“流程”这两个字。就算能完全掌握关键的人力资源，还是需要流程的——有清楚的权责、做事方式、回报层级、分工，以及支持机制，这些才是决定大家能否整合成一个团队的关键。若缺乏这些东西，就算是最有才华的一群人，最后也只会争议不断，而不会产生任何有价值的结果。

甚至就算能有一两个极度的强者靠人治控制大局，通常他们也会忙得要死才勉强能让价值传达到客户手上。这类做法不可能持续一辈子，生意也没办法扩大规模。

可是反过来说，像麦当劳或是星巴克这类公司，他们花很多心力在设计流程上，降低对人的依赖度。所以就算雇用大部分兼职的人，他们也能提供水平相同的产品。

（8）关键伙伴。

是否需要跟什么人合作？

咖啡煮得好的，不表示点心也做得好。除了自己以外，还需要外包的协助，需要其他策略伙伴分摊成本，或是需要有人协助扩张营运（如找人加盟）。此外，自有资金不够，可能需要找人合资或是找人投资。这些都需要在营运中加以考虑。外包要考虑质量控制、送发货、成本结构、存放、结账等问题。经营伙伴要考虑出资比例、股东权利义务、经营团队、财务报告等问题。其他策略伙伴则要考虑利益分配、工作分工、价值创造等问题。

（9）成本结构。

特别要提醒的是，成本结构并非一律低价就好。有可能你的咖啡厅要求是极品咖啡，这种我们称为价值驱动（Value-Driven）的类型。客户定位或许是极度的咖啡爱好者，他们愿意付高价来喝一杯绝妙的咖啡。那你的成本结构就要优先考虑质量。

反过来说，你的客层有可能定位为让商务人士有个落脚谈事情的地方，咖啡像洗碗水人家也不在意。那这种成本驱动（Cost-Driven）的结构，尽量降低成本来反映在低售价上，就有可能维持较好的利润。其他也可能要考虑是否有机会大量采购原物料（但这又有存放问题），或是如何分摊固定成本（Fixed Cost）等因素，都会影响生意长久经营。

（四）创业的意义

改革开放40多年，社会主义市场经济越来越成熟、完善，互联网技术不断升级，商业模式不断发展，为创业者提供了广阔的市场空间，市场机遇是前所未有的。大学生可以根据自身的喜好和特长，选择合适的创业项目。这对个人、学校、社会都具有重要意义。

1. 创业是大学生自我实现的需要

创业的过程实际上也是一个学习的过程，可以将自己所学的理论知识运用到实践当中，即便遇到挫折和失败，大学生创业者也可以从中学习、总结经验，从失败中知道自己哪方面知识不足，从而进行针对性的补充，实现自我能力的提升。这个过程会使创业者更加成熟，更加干练。

2. 创业可以激发大学生的创新精神

大学生创业的过程同时也是不断进行创新的过程，体现在企业的生产组织和日常经营管理中，创业者必须承担创新的激励者、协调者和组织管理者的角色，以此来求得企业的发展。

3. 创业可以使就业压力得到缓解

近几年高校毕业生数量持续增长，我国社会就业供求总量矛盾突出，就业形势越来越严峻。大学生创业不仅把自己本身的就业问题解决了，同时其企业创办起来之后还可以为他人提供就业机会，这对缓解国家和社会的就业压力，对于促进民营经济快速发展，加快小康社会建设的步伐具有重大的现实意义和长远的历史意义。

4. 创业对科技成果的转化有促进作用

21世纪知识经济占主导地位，大学生处在人生中智力和体力的最佳时期，思维活跃、创造力强。处在高校的环境中，大学生可以将身边的科技成果、发明创造直接进行转化，有效提高科研利用率。同时，反过来在客观上也能推动科技的不断创新。

二、创业精神

（一）创业精神的内涵

创业精神是指在创业者的身上体现出来的思想、观念、个性、意志、作风和品质等，主要表现为勇于创新、敢担风险、团结合作、坚持不懈等。

创业精神的特征表现为：

（1）对创业机会的主动追求。随着一些尚未被开发的环境的变化，创业者也会随之产生相应的适应性变化。

（2）创新。创新包含了变革、革新、转换和引入新方法，即新产品、新服务或者是做生意的新方式。

（3）增长。创业者追求增长，他们不满足于停留在小规模或现有的规模上，希望他们的企业能够利益最大化。他们在不断寻找新趋势和机会，不断地创新，不断地推出新产品和经营方式以追求不断增长。

（二）创业精神的本质

1. 自主精神

自主精神是创业精神的基础。创业者在创业过程中，会遭遇各种挫折和失败，这时就突出了自主精神的作用。处于逆境的创业者需发挥自立自强、无畏艰险的自主精神，去迎接创业中的各种挑战。

2. 创新精神

由于创业是一项具有开拓性的活动，这就决定了创新精神是创业精神的核心。创业的本质就是对现实的一种超越，而超越本身就算是一种创新。创业的突破在于创新，而创新在精神层面意味着思想的变革，并使它将这种思想变革转化为实际行动，这就是创新精神。

3. 务实精神

美国著名管理学大师德鲁克说过："创业既不是科学，也不是艺术，而是实践。"而实践最重要的便是要具备务实精神。它包括多重含义，要求创业者办实事、不空谈；实事求是，以求得名副其实的成功。

（三）创业精神的培养方法

1. 培养大学生具备创业素质，转变观念，强化创业意识

在高校全面素质教育改革和实施的大环境下，首先，要求大学生不仅要学

习英语、计算机等应用型学科和工具型学科，还要拓展知识面，学广学深。除此之外，要求大学生掌握比较多的财务、经营、管理等创业必需的知识和具备科学收集信息、准确做出市场判断的能力。其次，要求大学生树立稳固的市场意识、竞争意识、创新意识，不仅要培养青年学生创业的自我意识，还要培养他们创业的社会意识。与此同时，也要注意在平时的学习中多培养学生独立思考的习惯，让他们多思考、多动脑，善于从不同的角度观察问题，善于用创新的视角解决问题。

2. 改革课程，设置对创业人才培养有利的课程

课程的内容和体系是大学生创业教育实施的重要载体。只有把课堂教学的作用充分体现出来，创业教育才能顺利实施。因此有必要将创业教育纳入学校教育教学体系，适当调整原有教学计划，增加部分创业教育课程，并在原有相关课程中增加创业教育内容。通过课堂创业教育，提高大学生的创业能力。此外，结合专业课教学，通过渗透、结合、强化的方式，加强学生创业意识的培养。

3. 在实践活动中加强创业教育

创业教育是一项高度实用的教育活动。创业实践是创业教育的具体课程模式，也是培养大学生创业意识和创业能力的具体途径。创业实践活动为创业能力在时间和空间上的表现和展示提供了一个社会平台。学生可以亲自思考，在活动中获得真实感受，加强创业意识，树立创业信念。高校通过创造条件让学生亲身感受一个经营者面对市场竞争要勇于承担风险和责任，从而提高学生的经营管理素质与能力。通常创业实践模式可分为以下三种形式：

（1）利用实习期间进行创业实践训练。

（2）尝试创业模式，即利用假期到公司去打工参与别人的创业活动。

（3）进行模拟性实践，参加创业实践情境的模拟，体验有关创业活动的情境或拟出创业计划、创办虚拟公司等。

4. 培育创业人格，增强自主创业精神

人格教育是对创业能力培养的补充。我们可以运用创业案例分析创业者的个性特征，同时进行心理训练，使学生掌握形成良好个性的方法。创业需要的是实事求是的精神，而不是纸上谈兵。需要根据实际情况提出新的想法，以务实的态度引导学生以务实、现实的态度对待学习、工作和生活，需要学生扎扎实实，做出很大的努力。

5. 政府支持和社会关心，形成合力

为了开展大学生创业教育，要探索激励大学生自主创业的有效途径和相应的政策措施。我国在创业环境方面有一定的优势，如较多的市场机会、有形基础设施完善等，但在市场经济规则、创业教育、商业金融支持、研发转移和经营环境管理等方面落后。政府，特别是地方政府，在创业教育、培训、商业环境和其他软件建设方面存在一些不足。因此，政府部门应充分利用信息优势和行政职能，传达国内外的创业信息，促进和激励有序有效的创业教育。相关政府部门可以制定激励政策，鼓励大学生自主创业，以便为大学生自主创业提供更好的公共产品和服务。例如，大学生创业最大的问题是资金问题。我们可以尝试创建小额折扣贷款或社会风险资本基金，帮助大学生创办、聘用和改造企业，特别是民营小规模科技企业。

三、大学生创业

（一）大学生创业的形式

创业可以采取的形式有很多。一说到创业，大学生可能立刻会想到要成立“公司”或“企业”。根据内容与形式对应的哲学理解，创业形式应当取决于准备选择的创业项目，把“菜”放到适合的“篮子”里，这样既不会因“篮子”太小而限制发展，也不会因“篮子”过大而造成不必要的负担。

创业形式直接关系到创业者的利润实现、创业者之间的合作形式、创业机构运转机制等问题。常见的创业形式有个体工商户、有限责任公司、合伙企业等。

（二）大学生创业的途径

当前，丰富多样的经济形式为大学生实现创业梦想提供了多种途径。以下是大学生创业路径的常见选择。

1. 概念创业

创业的概念始于想法、点子和创意。显然，这些创业理念必须具有足够的创新性，以便在创业者打算进入的行业或领域中具有独特性或创新性；同时，这些非常规的想法也应该是可行的，而不是幻想。只有这样，我们才能获得市场机会，吸引风险资本家或消费者的注意力，进而获得创业所需的其他资源，包括资本和企业伙伴。

一些人认为创业的概念模糊，甚至无法启动，因为涉及“不可预测”的想法。事实上，创造力不一定是天才的问题。只要我们善于观察生活，到处都有商机。

凭着隔夜快递这个创意点子，美国人弗雷德·史密斯获得了风险资本家的青睐，给他投资创立了联邦快递。现在，联邦快递是世界上最大的快递公司。

有人把概念创业总结为四大类型：异想天开型、问题解决型、异业复制型和国外移植型。

几乎所有伟大的革命性创意都可以列入异想天开型，如Microsoft的编程软件、Apple的家庭电脑、Yahoo!的全球网址分类、Google的在线搜索引擎、e-Bay的网上拍卖等。但也有很多的“异想天开”是普通人可以做到的。例如一个叫贝利的法国人，就用自己独特的想法改变了旧报纸的命运。贝利注意到每个人对自己的生日都很敏感，希望收到特别的生日礼物，而鲜花、蛋糕等传统礼物不但让人乏味、显得很“俗”，更因为是一次性的，无法很好地体现生日的特殊性。于是，他创立了一家“历史报纸档案公司”，把旧报纸当成礼品，出售给生日日期与报纸出版日期相同者。就这样，贝利抓住人们追求个性化的心理，把“日子”当作一个生意来做，每年卖出25万份旧报纸。

大部分创意创业尤其是服务业领域的创业，可以归入问题解决型一类，如大家熟悉的新东方外语培训、携程网、如家连锁酒店、分众传媒、立体车库等。众多提供功能性创新的产品类公司也是典型的问题解决型创业，如宠物反光衣、弯曲吸管等。例如，与孙海涛同时获得“浙江省大学生创业之星”的浙江大学研究生方毅在2005年10月创办了浙江每日互动网络科技股份有限公司，研发了手机数据备份的“无知觉解决方案”——充电的时候把数据备份到充电器上去，就这么一个金点子，为他引来了数百万元的风险投资。

即使是很多成功的企业家，也总是照搬一个行业的原始概念，在另一个行业中吸引一个巨大的市场。创业成功者未必都是新领域中第一个“吃螃蟹”的人，有时他们的创业想法来自成熟领域，只是在某些方面进行了创新，这就是我们常说的异业复制型概念创业。这种创业模式的特点在于，它有一种“典型”的模式，这种模式考虑不周全，搜索风险太大。当然，在其他领域适应和归化商业模式的能力是对创业智慧的考验。

马化腾的QQ就是一个典型的异业复制。在创办腾讯之前，马化腾曾在电信行业从事互联网传呼系统的研究开发工作，“从1998年开始，我就考虑独立创业，却一直没想清楚要做什么……我感觉可以在寻呼与网络两大资源中找到空间”。其后马化腾自主开发了基于Internet的网上中文ICQ服务，集寻呼、聊天、电子邮件和文件传输多种功能于一身，这就是腾讯QQ的来历。

在国内还有一种非常典型的概念创业模式，就是国外移植型。例如，国内的门户网站最初都是步Yahoo!后尘的跟进者。实际上，IT等新技术领域，尤其是互联网方面，以及连锁经营等众多新型服务业领域移植国外模式的痕迹是比较明显的。

植入国外模式是建立企业最快的方式，但由于这不是自己的原创想法，往往没有“门槛”，所以需要先抢别人的钱，再往前走。如果你可以出国旅游或搜索国外信息，看到更广泛和有见地的信息，你可以看到国外的新思想。当然，你需要花大量的精力和时间去掌握国内市场的特殊性，关注文化差异和地域变化对国外创业理念的影响，否则很难达成一致。

创业离不开创意，但创意不等于创业。在当今时代，概念创业有时发挥着神奇的作用，虽然光靠“理念”还不足以建立一个公司，但它们拥有质量、技术、资本、人才和市场。你需要整合各种元素和资源，如果你只是带着一个想法创业，结果只有一个，很难一直走下去。在互联网泡沫时代，在大学生创业潮流兴起的中国，许多年轻人第一次凭借创意、专利技术或仅仅是“.com”概念获得了风险投资。然后认为可以进入市场，最终一夜暴富，结果就是这个梦想很快被现实击碎。虽然 IT 创业相对其他行业而言更容易创造奇迹，但不是每一个人都能有这样的“好运”的，成功者乃是“剩者为王”的残酷结果。真正取得成功的 IT 创业，其过程也是十分复杂的，从创意构想，到筹集资金、设计研发、市场推广等，需要经历无数环节，其中任何一个环节出现问题，都可能导致创业失败。

就像淘金热一样，抛弃真正的好点子并不容易。奇怪的想法和阴暗的灵感就像沙子。企业家如何获得像金钱这样的商业理念？首先，你需要进行一次严谨的分析和讨论。在对“好主意”充满热情之后，你需要冷静下来，进行深层次的分析、研究、测试和客观检查。如果你的想法是独创的，如果有稳定的市场需求，如果是可操作的，在实施过程中要有防止其他“克隆”的保障措施（行业门槛），在此基础上，咨询有相关知识和经验的人，全面听取意见和建议，制定最有前途、风险相对较低的业务方案。这些工作用管理学的专业术语描述，就是 PEST 环境分析与 SWOT 竞争分析。

那些成功的创业者、风险投资家、创业咨询机构等，是你最好的顾问，他们提供的宝贵经验和专业指导，能够帮你厘清思路，甚至起到点石成金的作用。当然，专家的意见也仅能做参考，真理未必掌握在专家或者多数人的手中。有不少著名的投资家错过了微软、苹果、Google 这样伟大的创业机会，像李开复这样的顶级创业导师也为自己曾经错过朱敏的项目（美国网讯公司）而唏嘘不已。

2. 依附创业

依附创业包括代理经销、特许经营等子模式，是创业模式中内容最丰富的一种。这一类的创业模式不需要你自己去开发创意和产品，你需要关注的主要是市场销售问题。

（1）代理经销模式。

代理经销是常见的一种创业方式，代理时通常应选择品牌信誉好、发展潜力大的产品和公司，但好产品的代理经销权在市场上非常抢手，你的主动权也许很小。这一类的创业者首先要理解的几个基本概念是经销商（dealer）、代理商（agent）与分销商（distributor）。

经销商是经营某种产品的交易商。一般来说，他们可以与制造商签订销售合同，并预付定金（或具体协商部分或全部付款）。采购价格通常成批上涨，将相应地给予优先权。售价通常由经销商自己决定，制造商不会直接干预价格。制造商也不对产品的销售好坏负责，不接受退货，最多负责有质量问题产品的退货。也就是说有问题的产品会被退回，剩下的产品销售一律由经销商负责。经销商的利润来源于进价和售价的差价，这种方式风险相对较大，但利润空间也很大。

代理商，是代表制造商做生意的卖家，制造商允许他们在特定地区分销特定产品，但不需要从制造商那里购买产品。他们对其产品的销售价格没有自主权，受到制造商的进一步限制，成为代理商的条件也更严格（主要基于代理商的当地市场网络、经验和声誉）。但代理商不承担无法销售产品的风险或不需要大量资本投资。他们所代表的货物的财产属于制造商，制造商收取费用，操纵配额。

分销商，是从代理商处分销产品的商户。其价格通常受经销商控制，不与厂家发生关系，所需的资金较小，风险相应小一些，但利润空间也较小。

经销商和代理商之间的主要区别在于是否需要购买制造商的产品并适当使用该产品。经销商从制造商处获得产品，并承担销售产品的所有权。他们的关系是制造商—经销商—消费者。代理商代表制造商销售，但不购买制造商的产品，产品的所有权都属于制造商，产品所有权仍然属于制造商所有，其关系是制造商—代理商—消费者。

随着市场经济的发展，所谓的市场主体已经变得越来越像特许经营者，而一些经销商则享有两者混合、一定的代理权。当外国公司进入中国时，他们通常使用代理商来帮助市场发展，而国内公司更喜欢分销商。

高级企业家作为经销商或代理商创业的第一步是选择一个有前景的品牌，可以通过以下几个方面进行选择。

①某些制造商需要有强大的研发能力和较好的资源效益。这些背景计划有助于你了解产品的相应技术、质量和广告策略。它们也是获得市场的基本保证，可以给你和你的消费者更多的信心。

②销售论据很清楚，区别也很明显。现在产品同质化严重，经销商选择的产品应该尽量个性化，不能只因为折扣率低、价差大而选择，如果你选择的产品没有特别的特点，未来的市场将非常困难。

③价位基本上在目标消费者能够接受的范畴。价位偏高，虽说经销商利润空间增大，但市场推广慢，吸引不了更多的购买群体；相反，价格低，自身面临的产品推广、终端运作、配送服务上的成本太高就会冲淡利润，因此合适的价位也是要考虑的重要因素。

④仔细选择你的产品。选择跟风的产品可以规避市场风险，但随着竞争的加剧，由于盈利空间每天都会缩小，产品的使用寿命也会很短，因此很难形成品牌效应。此外，如果过分追求高科技产品，与分销相关的要求也很高，尽管产业前景巨大，盈利能力高，但市场形成期长，不适合资源有限的商业经销商或代理商。

⑤在一些代表性城市每年会举办各种产品博览会、展销会、新闻发布会，创业者要有市场敏感性，有意识地从中去摸清产品的信息，了解企业背景动态，最终选择合适的产品合作。

（2）特许经营模式。

特许经营是指特许人将自己所拥有的商标（包括服务商标）、商号、产品、专利和专有技术、经营模式等以特许经营合同的形式授予被特许人使用，被特许人按合同规定，在特许人统一的业务模式下从事经营活动，并向特许人支付相应的费用。

特许经营主要有三种类型。一是生产许可证。该领域的企业应自行出资建厂，利用专利、技术、设计标准等对转让的产品进行加工或制造，然后直接销售给与最终用户没有直接接触的批发企业或零售企业。二是产品和品牌授权。这主要用于联合营销和营销联盟在有效的品牌和营销领域的使用。零售企业主要从事汽车销售、加油站、自行车、电器产品、美容产品、宝石等行业。三是特许经营模式。这种特许的主要特点是工会企业有权按照工会模式使用商标、公司标识和广告。该类特许经营越来越成为当今主导的模式，它集中体现了特许经营的优势，目前在很多行业迅速推广，如快餐食品（麦当劳、肯德基、马兰拉面、好利来）、旅店业、洗衣店（荣昌）、汽车租赁等服务性行业。特许经营的类型比较见表 1-1-1 所示。

表 1-1-1　特许经营的类型比较

特许内容	生产特许	生产制造	经营模式特许
授权主要内容	商标／标志、专利、生产技术、	产品和品德特许	经营模式、单店视觉识别系统、单店运营管理系统、产品分销权
特许人特征	产品生产权、产品分销权	商标／标志、产品分销权	拥有全面自主知识产权的企业
特许人战略控制	强势品牌、专利专有技术持有者	品牌制造商	全面统一管理：品牌、经营计划、选址、视觉识别系统、配送、促销、价格、管理制度、培训等
加盟商获利来源	专利、专有技术、原材料等	货源、价格	服务利润、零售利润和财务利润
主要应用领域	生产利润、分销利润	分销或零售利润	服务领域、商品流通领域

特许经营成功的关键概括为 3S 原则：标准化（Standardization）、专业化（Specialization）和简单化（Simplification）。3S 原则是特许经营的基本原则，因为特许经营的本质是工业产权或知识产权的转让，而 3S 原则的执行正是由于这种转让使双方都能获取最大效益。

①标准化。标准化是特许经营模式的复制、管理、业务系统管理或维护全系统的一致性，这是特许经营的优势和竞争力之一。特许人通过精心设计经营的各个方面，包括流程、步骤、外部形象等，发展特许经营网络，并开发出多个地区的特许经营网络。这意味着提炼出一套适合加盟店的系统模式。

②专业化。它是指特许经营制度的基本组成部分之间的一般分工。为了保证这一潜在的大系统的顺利运行，特许经营网络需要将不同的功能分配给不同的主体，然后通过多方的协调与合作，使特许经营系统成为自己的系统。它可以是一个有机整体，具有良好的发展和适应外部环境的能力。

③简单化。这意味着，通过简化工作流程和简化工作场所操作，操作员可以节省能源，提高效率，并最大限度地提高时间和精力成本。在管理实践中，特许经营一般都是对所有的工作流程和任务细节进行深入研究和总结管理。例如，麦当劳著名的手册详细说明了怎样拿杯子、开机、灌装奶昔直到售出所有程序，这样所有员工都可以按照说明工作。

特许经营创业的成败与特许经营企业（盟主）的品牌和支持密切相关，加盟商可以通过三步来进行特许经营模式的创业。

第一步：挑选行业。加盟时，你必须选择一个自己熟悉的领域，或者至少是自己感兴趣的领域。加盟创业大多是中小投资者，本身就存在着根据预期收益选择行业的资金压力。行业不一样，分类则更为复杂，必须进行实地考察，然后对比，选择一个更适合你的加盟品牌。

第二步：选加盟主。对加盟主的考察包括六个方面：要看直营店，特许经营意味着加盟主和加盟商一起把店开好的能力，好的品牌一定是直营先做强再做大；看那些店的统一性，如视觉识别系统、陈列、面积、服务态度等；看二次加盟商的数量和比例，这些人之所以开第二家、第三家店，是因为第一家能够盈利，所以重复加盟体现了可复制性；同店增长率，是否推出新产品，具有让老店继续盈利增长的能力；特许经营合同越厚越好，合同越薄越麻烦；看对方有几个品牌，最好选择单一品牌专注经营的，多品牌经营难度很大，有些“骗子”就是用多品牌运作的。

第三步：维护好双方关系。加盟意味着双方要维持长久的关系，需要对加盟双方的责任和利益进行更加明确的界定。加盟商要有品牌维护意识，在用到加盟商的资源、商标和形象时，不要因为品牌不是自己的，就不加以维护，影响品牌的形象，到最后也损害了加盟商自己的利益。对品牌公司的经营理念与公司的规章制度应认真学习和遵循，可以创新，但是基本原则应保持一致。加盟商可以在获得总公司的允许后，根据当地的情况提供特定的服务或进行宣传。

3. 电子商务

随着互联网的渗透，消费者的生活方式也在悄然发生改变，为了节省时间，很多消费者通过邮购、电话购物、网络购物来实现他们的购买行为。今天的消费者，已经可以在互联网上自由地寻找到他们需要的商品的价格，由于厂方的信息量集中，他们还可以进行竞价比较来选择最适合他们的产品。消费者可以用电话和网络来进行股票和银行的业务交易，甚至可以通过网络订购，让厂商送货上门。这种消费形式的变化，给人们的消费理念带来的变化是深刻的，同时也给大学生创业模式带来了变化。

电子商务的优点有：

（1）便捷。

一些工作节奏很快的白领们，在下班后去商店购物，费时又费力，有时还会遇到关门的情况。而网络购物，可以时间随意、选择随意，不需要特别安排时间来购物，因此，便捷性为网络商店招来了大批的年轻顾客。

（2）可选择性强。

随着网络的普及，绝大多数的企业都建立了自己的网站，介绍自己的企业和产品。通常，选择网络购物的人们首先会通过网络查询相关的信息，通过比较以后买到的商品会令其更加满意，也更合算。

（3）个性化。

由于网络的便捷和无边界，远在千里之外的顾客可与卖家在网络上轻松沟通，可以把自己的需求更充分地表达给制造者，因此，个性化的服务比传统营销更加有效率。

（三）大学生创业的障碍

在给定的共同条件下，有些学生成为成功的创业者，而有些人却是失败而归。那么究竟是哪些原因阻碍了创业活动的顺利进行呢？经过调查研究发现，在大学生创业过程中确实存在许多障碍性因素，比如细节、经验、心理、项目、资金、环境等都是影响大学生创业的重重障碍。

1. 不注重细节，缺乏规范管理

通常学生都是带着一种热情去创业的。在将企业商业化的过程中，还是存在部分不规范的操作。比如上海某科技园，是一家学生创业公司，股东是 7 名学生。公司虽然参与财务交易，但是因为没有其他会计岗位，所有交易都没有开具发票。这种不细致的财务管理在大学生初创企业中还是比较常见的。

此外，很多大学生不够重视细节。例如，某经营数码绘画艺术品业务的大学生创业公司在与日本某风险投资公司洽谈业务时，该公司员工不仅姗姗来迟，还穿着休闲装。最终双方没有合作成功。

2. 经验不足导致失败

我国的教育只偏重于传授理论知识，大学生的实践机会很少。经验不足将会带来投资的高风险，使得自主创业的意愿冷却，最后不得不选择放弃。经验不足是目前大学生创业中普遍存在的问题，主要有如下表现。

（1）眼高手低。

大学生虽然学习了一些管理知识，但他们缺乏建立和管理公司的经验，缺乏对社会的了解，缺乏经验和技能。企业家必须熟悉不同行业的市场交易和商业模式，并能够随时应付各种变化。尤其是在市场经济体系还不是很完善的条件下，他们可能会遇到一些隐藏的规则，这让学生无法理解。

（2）纸上谈兵。

不少大学生创业者都不习惯对产品或项目做市场调查，而是进行理想化的推断，这些推断是明显缺乏实际根据的，而且常常伴随着误导。所以大学生在初创期要做市场调研，只有在了解市场的基础上开始创业才有可能长久。

3. 创业资金缺乏成为瓶颈

创业需要资金，否则再好的创意也难以转化为现实的生产力。有调查显示，有 60% 的高校学子认为他们在自主创业过程中遇到的最大困难是“缺少启动资金”。目前解决大学生创业难题的资金主要有政府设立的创业基金、民营企业家设立的风险投资基金以及学校设立的创业基金。但我国风险投资起步较晚，创业市场尚未建立，投资者非常谨慎。同时，许多大学生无法向机构证明自己的盈利能力，导致融资困难。而且这类基金设立的门槛普遍很高，学生获得资金的难度较大。

4. 心理障碍

创业是一种主动、自愿、自发的行为。大学生创业行为受到多方面的影响，其中个体创业心理障碍是大学生创业行为的一大障碍。创业心理障碍主要是指个体在认知、情感、动机、能力和人格等方面的心理缺陷，包括以下三个方面：一是在创业方面的认知偏差，认为创业没面子，无法学以致用，害怕创业风险，过于自卑，低估、怀疑自己的能力，导致无法正确对待自己；二是适应能力差，担心失去自我；三是创业意志缺乏，急于求成，半途而废。

大学生创业过程中所遇到的阻碍并不限于以上几点。机遇永远与风险并存，在企业发展过程中，随时都可能遭遇灭顶之灾。特别是对于初涉商海的创业者来说，许多都是从小打小闹开始的，一开始都面临着资金少、抗风险能力低、创业经验不足等问题，随便一点小的事故都可能使处于婴儿期的事业毁于一旦，导致多年辛苦积攒的创业资金血本无归。

（四）创业对于大学生职业生涯发展的作用

创业是一项极富挑战性的事业，正符合青年人朝气蓬勃的特性，也更能为行业、社会、国家带来新鲜活力。

1. 通过自主创业实现自身价值

这一点比较直观，因为如果创业成功，当然也就完成了自己的创业梦想，实现了自身价值，从组建团队、运营管理团队、主导开发产品等过程中获得乐趣和人生的意义。

2. 通过尝试自主创业，获得创业经验

拓宽的行业视野将有利于今后的再就业或再创业，学习到除专业知识外的交际、运营、管理等方面的技能。通过自主创业，可培养高效的执行力，对个人人生的发展有很大的帮助。

3. 通过跟随他人参与创业，了解市场信息，拓宽社交范围，收获团队协作能力

通过在团队中学习，提升自身工作能力，体验团队协作方式，能够为今后的工作或再就业打下基础，还能结识靠谱的合作伙伴，拓宽自己的人际圈，收获友谊，提高人际交往能力。

4. 通过了解创业、关注创业，拓宽认知视野，了解行业前景

经常关注创业信息，能够帮助个人了解行业动态，洞察行业趋势，从而对未来的创业行业有个清晰的规划。

第二节　创新是创业之本

一、创新

“创新”是近年来使用最频繁的词汇之一，它本是一个外来词，其含义是引入新东西、新概念和制造新变化。其中“新”的含义包括时间意义上的新、地理意义上的新和知识产权意义上的新。在知识产权的意义上，一个新的时刻通常意味着先于他人的重要突破或改变。国内外很多研究者也对有代表性的创新活动进行了界定。

（1）创新是识别潜在需求和开发新主题的过程，在新主题被广泛使用之前，要经过新主题的可行性调查阶段。创新是对新事物的创造，所以被描述为创造的过程。

（2）创新是为了创造和实现有用的新课题而运用知识或相关信息的过程。创新本身就是新的，尤其是由各自的用户部门定义的新思想、新实践或新生产。

综上所述，创新概念有很深的延伸意义，可以说各种能提高资源配置效率的新活动都是创新。创新过程是创造性劳动的过程，没有创造性就谈不上创新。

创新的概念一般从狭义和广义两个层面理解。狭义的创新概念是基于技术和经济的结合。通过对科学、技术、经济发展和现代社会发展之间关系的深入研究，我们对创新概念有了广义的理解。

广义而言，创新概念的目标是将科学、技术、教育和政治融入经济。在这个网络中，所有的节点都可以成为创新的具体空间。因此，创新可以体现在技术、制度或知识的各个层面。

二、创新与创业的联系

事实上，创新和创业的概念之间有相当大的趋同性，二者相互渗透，相互作用。创新和创业不是独立的，更不是对立的，而是不可分割的。创业的核心是创新，创新是创业的源泉。不断地创新会激发和发展创业精神。这取决于市场化创新和商业化价值的实现。

“创新”概念的先驱、奥地利著名经济学家熊彼特认为，创新是生产要素和生产条件的新的、不存在的组合，它不断更新原有的成本曲线，创造可观的或隐藏的超额收益。这一创新因素反映了与业务特征的一致性和相关性。

创新是创业者精神的基础，创业促进创新。总的来说，科学技术和观念创新有助于物质生产和人们生活方式的变化，激发新的生产和生活方式，不断创造企业活动和迎合全社会新的消费需求。现代企业家精神依赖于科学技术的发展。从这个意义上说，创新是创造众多新企业的内在支柱和主要保证。

创新与创业结合、交织、渗透、融合。在全球化的大背景下，这一趋势变得更加明显。创业与创新不仅融入一个新企业的上市或创立中，而且是一个动态的融合。在这个过程中，创新、创业精神和对市场的了解是公司成功和可持续发展的驱动力。企业家要不断学习新的模式和途径，最终获得创业成功。

创新的价值在于将潜在的知识、技能和市场机会转化为真正的生产力，通过社会财富的增长来保护每个人的利益。企业家不是发明家，但他们必须识别潜在的商业机会并承担风险。发明人不一定是企业家。科技创新的成果可以通过吸引企业家进入市场，实现潜在价值，从而转化为现实生产力。

创业可以推动新发明、新产品或新服务的不断涌现，创造出新的市场需求，从而进一步提高行业或是整个国家的创新能力，推动经济增长。

三、大学生创新创业教育的意义

（一）能够让大学毕业生的就业压力在一定程度上得到缓解

大学生的创新创业教育有助于解决大学生的就业问题。创业素质高的大学毕业生在创业的基础上创造了就业岗位，从而减轻了就业对社会的压力。因此，为了克服社会就业的困难，国家积极鼓励支持高校毕业生自主创业和灵活就业。

（二）能够助推社会生产力的发展

大学生自主创业是促进科技成果直接转化为生产力的过程。目前我国科技创新成果非常多，但产业转化率较低，而美国“硅谷”高达90%。因此，大学生自主创业是实现科技成果转化、促进社会生产力发展的有效方式。

（三）能够帮助大学生实现自我价值

大学毕业生通过自主创业，可以把自己的兴趣与职业紧密结合，做自己最感兴趣、最愿意做和自己认为最值得做的事情。虽然现在社会从解决就业问题的角度鼓励学生创业，但学生职业生涯的主要驱动力是他们自我实现的愿望。只有提升大学生的创业动机，才能形成全社会的创业风气，创造“价值与回报”的社会新秩序。

（四）能够实现经济的高速增长

创业活动能够营造出一种鼓励科技创新的氛围，充分体现“科学技术是第一生产力”的思想，并且能够直接推动我国科技成果的产业化发展，增强我国企业的国际竞争力，为社会创造财富和价值。

虽然我国目前大学生创业所占国内生产总值（GDP）的份额不高，但是随着大学生创业数量的增加和质量的提升，相信大学生创业公司的总价值肯定会有极大的提高。

（五）能够提高大学生的自身素质

自我国大学招生规模扩大后，就业压力越来越大。对学生实施创业教育是提高大学教育管理水平和质量的关键，是最经济有效的方法之一。

通过创业教育和创业实践，学生可以充分调动主观能动性，调整就业心态，自学成为人才，学会独立思考，自我调节。对于能够管理时间和财务、积极发展人际关系和适应工作的学生来说，就业不会成为问题。

（六）能够培养大学生的创新精神

创新是民族的灵魂，是国家繁荣和发展的持续动力。青年学生作为中国最有生命力的群体，如果他们失去创作的冲动和欲望，中华民族就会失去发展的动力。大学生创业可以培养创新精神，将劳动压力转化为创业活动。

（七）能够促进教育改革，提高大学生的综合素质

传统的以“文化教育、职业教育”为内容的教育观已经受到了严峻挑战，实现“文化教育、职业教育和创业教育”并举的教育观已经成为学校改革的必然趋势。对当代大学生来说，自我创业是一条光明之路、希望之路。

自主创业是时代赋予公民的历史责任和使命。21 世纪，古老的中华民族渴望着伟大复兴。民族的复兴必定要实现经济的腾飞，而创业者将是中国未来经济发展的主力军。

第二章　创新意识与创新思维的培养与训练

第一节　创新意识的培养

创新意识是人们根据社会发展和个人生活的需求，果断地为新事物而奋斗，发展新的思想和方法，解决新的问题，创造新事物的意识。它对一个人创造力的形成起着非常重要的作用。创新意识是一种主动研究解决问题的思维。这是人类创造性活动的出发点和内在动力，是创造性思维和创造力的前提，也是形成创新潜力的基础。

马斯洛说："创造性首先强调的是人格，而不是成就……自我实现的创造性强调的是性格上的品质，如大胆、勇敢、自由、自主性、明晰、整合、自我认可，即一切能够造成这种普遍化的东西，或者说是强调创造性的态度、创造性的人。"这就是说，创新最重要的不是结果，而是要有强烈的进取精神和勇于探索新事物的思维意识。拥有了这种创新精神，才敢去想别人没有想过的事情，敢去做别人没有做过的事情。那么，创业者（尤其是大学生创业者）应当怎样培养创新意识呢?

一、重视知识积累

知识的积累是创新意识形成和激发的前提。要给学生灌输创新意识，首先要增加求知欲，要有求知的目的感。因为"学而创、创而学"是创新的主要方式。只有不断学习新知识，才能在自主创新创业过程中发挥主导作用。

创新知识的积累需要创新的学习技能。创新学习是接受、优化和塑造知识的过程，其核心是为知识增值，为创新思维和创新执行创造基础。因此，要开发创新潜能，首先需要重视创新学习技能的培养。通过创新实践，包括写作、艺术创作、技术进步等，新的想法和设计被转化为真正的产品。

只有掌握创新的基础知识和基本技能，并遵循创造性规律，了解科技发展和知识更新的动态，形成较强的学习能力和思维能力，才能萌生创新意识。

创新离不开知识的积累，尤其是技术创新，更需要创业中的大学生在生活和工作中重视知识的学习与积累。

二、消除创新的心理障碍

谈到创新，有的创业者有一种天生的抵触和恐惧，认为创新是神秘、可望而不可即的，认为那是科学家才能干的事情，而自己没有能力去进行创新，也没有创新的意识。

其实，人人都具备创新的潜能。教育家陶行知先生就曾说过："处处是创造之地，天天是创造之时，人人是创造之人。"要具备创新意识，首先需要消除创新的心理障碍，树立创新的信心，拥有"敢为天下先"的勇气。其次，要表现出主动性，大胆地去做别人没有想到的事情，要有很强的创业精神和勇气。创新是创业的动力，是形成创新习惯的基础，只有有创意的企业家才能灵活地识别创新点。

三、激发好奇心，开发创新潜能

创新需要一定的敏感性，通过仔细观察、研究、反思，有更多的思路来解决以前难以解决的问题。同时，创新也需要强烈的好奇心，很多真诚的想法与创新，还要通过不断地探索和研究来获得，人们探索的欲望往往表现在强烈的好奇心中。

好奇心使人们对某物、某事、某人充满兴趣，这些兴趣促使人们去质疑、探索或刨根问底。这时思维会变得特别活跃，人的潜能也会在这个过程中得到释放，人的创造性也会随之空前高涨。

四、参与创新实践活动

创新意识的形成是一种严肃而重要的创新活动，创新的理念简单化，无法落实。企业家在形成创新意识的过程中，应形成科学的创新观，厘清创新的真谛，不应让创新仅仅作为一种新的创举，而不能解决实际问题。

在培养科学的创新意识的过程中，"一心只读圣贤书"的方式是无法适应社会日新月异的发展的。大学生创业者应该积极参与创新实践活动，创新实践活动可以是创新创业培训，也可以是创新创业比赛，可以是理论性的，也可以是操作性的。

人们的生活中有很多事情要做，有时我们已经接近创新的门槛，但我们还没有发现创新的机会。作为一名学生，必须学会反思、怀疑，学会用已有的知识进行创新和实践。

第二节　创新思维训练与实施

一、突破创新思维障碍

随着人的成长会出现很多的思维障碍。能否突破这些思维障碍是关系到创新思维能否发展的重要方式。一般人有着如下的创新思维障碍。

（一）过于依赖习惯的顽症

我们每天的活动，从清晨起床到晚上睡觉，90% 以上纯粹是下意识的、习惯性的。习惯有助于日常生活和工作，可以让我们驾轻就熟，提高效率，习惯可以帮助我们解决 90% 以上甚至 95% 以上的问题。但过于依赖习惯，有碍于状态的改变，有碍于问题的解决。

我们可以把工作分为两类，即非创新性工作和创新性工作。具备创新能力的人应该致力于解决新情况、新问题、新思想、新方法。过于依赖习惯的人总是习惯于基于过去经验重复思考，当一个可行的想法出现时，很难考虑其他的选择，在这样的环境下，很难应对挑战。

所以，我们应该在当习惯不管用时，让思维冲破习惯，以非习惯的方式去理解事物，让创新成为习惯。

（二）思维定式

思维定式是心理活动的一种准备状态，是过去思维对当前思维的影响。思维定式对人们平时思考问题有很多好处：省去探索步骤、缩短思考时间、提高行动效率。

思维定式对问题解决既有积极的一面，也有消极的一面，它容易使我们产生思想上的惰性，养成一种呆板、机械、千篇一律的解题习惯。当新旧问题形似质异时，往往会使解题者步入误区。

大量事例表明，思维定式确实对解决问题具有较大的负面影响。当问题的条件发生质的变化时，思维定式会使解题者墨守成规，难以涌现出新思维、做出新决策，造成知识和经验的负迁移。

辩证唯物主义强调事物的相似性和变化性。要解决这一问题，必须“不断变化”，这是一种思维策略。因此，当一个新问题与旧问题相比，是它们的相似性在起主导作用时，解决旧问题所产生的思维定式往往有助于新问题的解决。同时，当一个新问题相对于旧问题，是它们之间的差异性在起主导作用时，解决旧问题所产生的思维定式往往会阻碍新问题的解决。

从大脑皮层在思维过程中的活动来看，固定的效果是一种习惯性的神经联系，即：如果思维领域的两种活动是同质的，那么前次的思维活动就可以作为后续思维活动的正确引导；如果思维领域的两种活动是异质的，那么前次的思维活动会对后续思维活动造成错误的引导。

（三）恐惧失败，害怕批评

恐惧失败、害怕批评是常见的思维障碍，恐惧会阻碍创新思维的发展。要知道你需要什么，你不需要什么，该做什么，不该做什么，不要害怕犯错误，要敢于尝试。逃避失败就是逃避生活、创造力，它使人无法创新。

二、创新思维的训练方法

（一）发散思维

1. 发挥想象力

要善于从学习和生活中捕捉能激发创造欲望、为自身提供一个能充分发挥想象力的空间与契机，让自身也有机会“异想天开”，心驰神往。要知道，奇思妙想是产生创造力的不竭源泉。

在寻求“唯一正确答案”的影响下，学生往往是受教育越多，思维越单一，想象力也越有限。这就要求教师要充分挖掘教材的潜在因素，在课堂上启发学生，使学生展开丰富合理的想象，对作品进行再创造。

2. 淡化标准答案，鼓励多向思维

学习知识要不唯书、不唯上、不迷信教师和家长、不轻信他人。应倡导让学生提出与教材、与教师不同的见解，鼓励学生敢于和同学、和教师争辩。

单向思维大多是低水平的发散，多向思维才是高质量的思维。只有在思考时尽可能多地给自己提一些“假如……”“假定……”“否则……”之类的问题，才能强迫自己换另一个角度去思考，想自己或别人未想过的问题。

3. 打破常规，弱化思维定式

法国生物学家贝尔纳说过，妨碍学习的最大障碍，并不是未知的东西，而是已知的东西。

有一道智力测验题，即“用什么方法能使冰最快地变成水？”一般人往往回答要用加热、太阳晒的方法，答案却是“去掉两点水”。这就超出人们的想象了。

思维定式在一定程度上使我们能够轻松、成功地解决熟悉的问题，但当需要创新时，思维定式就成了“思维陷阱”，阻碍了新知识的发展，也阻碍了新思维、新方法的形成。因此，思维定式和创新教育相互矛盾。“创”与“造”有着千丝万缕的联系，“创”是打破常规，“造”就是在此基础上创造有价值的东西出来。

4. 大胆质疑

明代哲学家陈献章说过：“前辈谓学贵知疑，小疑则小进，大疑则大进。”质疑能力的培养对启发学生的思维发展和创新意识具有重要作用。质疑常常是培养创新思维的突破口。

孟子说：“尽信书，则不如无书。”书中的某些东西并不总是真的。真理是绝对的，也是相对的，学生应大胆质疑，提高创新能力。

5. 学会反向思维

反向思维也叫逆向思维。这是一种思维方式，旨在朝着相反的方向思考，即不了解正在发生的事情，从而开发出一个通用的、过度扩展的解决方案。反向思维的人不被旧的思维方式捆绑，而是积极地主动探索、打破常规思维。反向思维的人不会只看眼前“人云亦云”，也不完全听从传统看法。但是要注意的是，反向思维并不违背生活实际。

20 世纪 50 年代，世界各国都在研究制造晶体管的原料——锗。这个研究的主要技术含量就是怎么让提出来的锗非常纯净。日本著名的半导体专家江崎和助手为了研究这个技术，做了无数的实验，可无论工作多么仔细，一些杂质总是不可避免地混在一起，严重影响晶体管参数的一致性。有一次，他突然想到：如果采用反向工作流程，故意添加少量杂质，会有什么结果？经过实验，当锗的纯度降低到原来的一半时，最终诞生了性能优异的半导体材料。这是一个运用反向思维获得成功的例子。

（二）聚合思维

在应用聚合思维方法时，一般要注意以下三个步骤。

第一步是收集相关信息。为了得出正确的结论，需要采用不同的方法和手段收集和储存与事故目标有关的信息，而更广泛地获取信息是采取综合办法的先决条件。

第二步是分析并选择可用信息。这是集体思考的关键一步。在对收集到的信息进行分析的基础上，区分与事故目标的相关性，以保存敏感信息，排除无关或不相关的信息。一旦组织和选择了相关信息，就必须对其进行比较和概括，以确定共同特征和关键方面。

第三步是客观地、实事求是地得出科学结论，获得思维目标。

聚合思维的特点是同一性、程序性和比较性。同一性意味着对同质性的追求。所谓程序性，是指在解决问题的过程中，要按规定解决问题。比较性是指在比较过程中，为各种问题找到一种更有效的方法、方案、衡量标准或答案。

（三）灵感思维

引发灵感最常用的一般方法，就是愿用脑、会用脑、多用脑，也就是遵循引发灵感的客观规律科学地用脑。下边分别谈会用脑和多用脑。

1. 会用脑

任何知道如何激发和发展创造力的人都能很好地利用大脑。他们通常质疑人们以自己的方式解决问题，他们的特点在于更喜欢独立思考，并且经常问一些关于为什么和做什么的问题。一个创新项目的完成，是独立思考和学习的结果。因此，你不能相信迷信、盲目、习惯性地认识问题的方法，因为你根本不能得出结论。有必要根据事实反省和调查问题，从而找到新的方法、新的答案、新的结论。

2. 多用脑

为了促进灵感的产生，我们需要更多地使用大脑，因为人们的认知技能都是在使用大脑的过程中训练出来的，这样才能不断提高。所谓“多功能大脑”，并不意味着大脑可以不间断地连续使用，而是充分利用人脑的创新潜能。爱因斯坦告诉他的传记作者：“我没有特别的天赋，但我喜欢找到问题的根源。在这个过程中，最常用的方法就是用大脑思考。为了学习，你必须不断地思考。我就是用这种学习方法成为一名科学家的。”

“数字化教父”尼葛洛庞帝说：“我不做具体研究工作，只是在思考。”微软的比尔·盖茨，从小就表现出勤于思考、善于思考的特点。

由此可见，科学用脑是开发大脑创造潜能、引发灵感、形成创造性认识的最一般、最普遍适用的方法。

引发灵感时常用的基本方法如下。

（1）观察分析。在科技创新过程中，始终离不开观察和分析。观察不是一种普遍的观点，而是一种选择性的方法，可以一步一步地观察和修正有意识的、深思熟虑的和可以理解的事物。通过深入观察，我们可以在一般现象中发现不寻常的东西，在其他看似无关的现象中发现相似之处。通过观察，在观察的基础上进行分析，我们才能获得灵感，形成创造性的理解。

（2）启发联想。新知识是在现有知识的基础上发展起来的。旧与新、已知与未知之间的联系是获得新知识的关键。因此，要创新就必须先联想，通过联想，我们可以获得启发，获得灵感，形成创造性的理解。

（3）实践激发。实践是创意和灵感产生的基础，在实践激发中，不仅包括对现实实践的激发，还包括对过去实践经验的升华。各种科技进步离不开实践的激发。在实践中，解决问题的紧迫性促使人们积极思考问题、学习研究，科学研究的逻辑起点就是问题。因此，在实践中思考、提出和解决问题，是唤醒灵感的好方法。

（4）激情冲动。积极的激情可以激发全身的巨大潜力，创造性地解决问题。在激情和冲动的情况下，它能增加注意力，丰富想象力，提高记忆力，加深理解，使人产生强烈的、不可抗拒的创作冲动，自动地按照客观事物的规律行事。这种自动化是建立在准备过程中反复研究的基础上的，也就是说，激情和冲动也能带来灵感。

（5）判断推理。判断与推理有着密切的联系，推理在于判断，判断的形成依赖于推理。推理是在现有判断的基础上获得新判断的过程。因此，在科技创新活动中，对新发现或产生的材料的判断，也是唤醒创造性知识的灵感的过程。所以判断和推理也是一种引发灵感的方式。

上述方法相互关联，相互影响。在激发灵感的过程中，不仅仅使用一种方法，有时采用多种方法。

（四）直觉思维

直觉是一种不可言喻的感觉。有人称为第六感。就像人类的肌肉一样，它也可以通过锻炼来发展。直觉思维能力的增强可以从以下几个方面来进行。

1. 获取广博的知识和丰富的生活经验

据观察，直觉并非没有基础，它只是建立在人们所拥有的知识和经验的基础上。从这个意义上说，获得广博的知识和丰富的生活经验是增强直觉的基础。

2. 学会倾听直觉的呼声

直觉思维凭的是“直接的感觉”，但又不是感性认识。人们平常说的“跟着感觉走”，其中除去表面的成分以外，剩下的就是直觉的因素。直觉需要我们去细心体会、领悟，去倾听它的呼声。当直觉出现时，我们不必迟疑，更不能压抑，要顺其自然，顺水推舟，做出判断，得出结论。

3. 培养敏锐的观察力和洞察力

直觉与人们的观察密切相关。对于那些观察敏锐的人，他们有很强的直觉。因此，我们必须自觉地培养观察能力，特别是对像印象、感觉、趋势、情感这些抽象的事物，更要提高观察力。

4. 真诚、客观地对待直觉

直觉是建立在人们已有的知识和经验基础上的“直接感觉”，它往往受到客观环境和个人情感的干扰。尤其是后者，当一个人受到某些情绪的干扰，如怀疑、抱怨、愤怒等，直觉判断可能会失去客观性。因此，我们必须真诚对待直觉，努力消除直觉产生过程中的各种影响和干扰，在直觉出现后冷静地审视直觉的客观性。

第三章　大学生创业形势与政策分析

创业要有创业的环境，或创业的土壤。创业环境是影响创业的各种外部因素的总和，包括政治、经济、社会、科技、自然等环境。本章将对大学生创业形势与政策进行分析，主要包括大学生创业环境及现状，国内外的大学生创业政策。

第一节　大学生创业环境及现状

一、创业环境及评估标准

（一）创业环境定义

创业者在创业刚开始的时候，需要先评估环境的要素。只有在环境评估满足基本要求的情况下，才能有创业的行动。学者加特纳从个人、组织、流程、环境四个维度对新企业创造的框架进行了详细的分析。他相信，创业环境是由资源的可用性、周边的大学和科研机构、政府的介入、人们的创业精神构成的。

全球创业观察（GEM）2005 中国报告提出，创业环境要素由金融支持、政府政策、政府项目支持、教育与培训、研究与开发转移、商业和专业基础设施、进入堡垒、有形基础设施、文化与社会规范等组成；池仁勇教授提出创业环境要素由创业者培育系统、成功报酬系统和创业网络系统组成；学者蔡莉、崔启国和陈巍提出创业环境要素由科技环境、融资环境、人才环境、政策法制环境、市场环境和文化环境等组成。

（二）创业环境评价

环境是在不断变化的，而普通创业者一般只依靠自己已有的知识、经验和技能来评价新的创业环境，往往会犯经验主义的错误。以往的经验和知识并不一定适合现在和未来的创业环境，创业者需要重新评估已经改变的环境。创业环境评价是指创业者在做出决策之前，对企业的外部环境和内部环境进行考察。

1. 一般外部环境

一般外部环境由广义的社会要素组成，影响在其中运行的行业以及企业。创业者无法控制一般外部环境，但是通过对它的分析和理解，可以选择和运用适当的战略。

（1）一般外部环境的组成因素。

一般外部环境分析中最重要的组成因素见表 2-1-1。这个分析过程展示了新创企业所在的经营企业环境的总体状况。在进行分析时，创业者应识别环境的变化趋势导致的机会和威胁。创业者应关注那些和企业核心竞争力匹配的外部机会，通过正确的组合，提高企业的战略竞争能力，并获得高回报。

表 2-1-1　外部环境组成因素

人口统计因素	人口规模 年龄结构 地理环境分布	种族组成 收入分配
经济因素	通货膨胀率 利率 贸易赤字或盈余 预算赤字或盈余	个人储蓄率 商业储蓄率 国内生产总值
政治 / 法律因素	反垄断法 税法 自由市场观念	职业培训法令 教育观念和政策
社会文化因素	职业妇女 劳动力的多元性 对职业生活质量的态度	环境的关注度 职业忠诚度 产品和服务的忠诚度
技术因素	产品革新 知识的应用	民间和政府的研发费用支出 新通信技术
全球化因素	重要的政治事件 关键的全球市场	新兴工业化国家 不同的文化和习俗

（2）制度环境。

对政府的机制特性进行了解，并及时与政府保持沟通联系不只是创业成功的主要因素，尤其是对新创企业，说是其生存所必需的条件也不为过。政府的规章制度是对企业影响最大的因素之一。因为创业要面对各种纷繁复杂的规章条例和官方机构，制度环境是新创企业必须首先考虑的因素。

随着中小企业创新创业水平的不断提高，促进中小企业和跨国公司的发展、增加经济份额、增加就业机会，已成为国民经济发展日益明确的共识和有效的政策。

政府法规以不同的方式影响着小企业。价格：执行规章制度的成本增加了企业的价值，结果小企业往往不得不提高产品价格。限制竞争：小企业必须承担比大企业更大的负担，这削弱了对企业发展的信心。限制治理：对于法规强加的文件，小企业员工必须遵守政府法规。精神负担：由缺乏时间和精力而造成的项目延误、浪费时间和管理失误，这些都会对小企业员工造成伤害。失败带来的挫折可能导致公司失败，与大公司不同，小企业没有负责繁重文件和报告要求的专家，要求企业家一般需要有足够的知识来解决各种问题，这就分散了企业家在创业过程中的注意力。

鼓励有关机构给小企业提供制度保障。在美国，为了给中小企业创造良好的创业环境，相继颁发了一系列法规和政策。小企业的生存能力必须由市场决定，而不是由政府决定。换言之，为了在未来生存，小企业需要开始关注和提高其生活质量。企业的生活质量在很大程度上取决于各级政府的产业政策。因此，各级政府部门必须尽快分析小企业面临的特殊挑战，改善小企业的生存条件和生活质量，以增强整体经济活力和国家竞争力。

2. 行业环境

行业是由其产品功能能够相互替代的一群企业构成的。行业环境是指会对一个企业的发展及其战略竞争产生直接影响的各个方面。对创业企业来说，行业环境直接关系着战略竞争和利润的获得。行业环境评价主要关系到以下两个问题。

问题 1：所在行业是什么样的结构，预计会往哪个方向发展？

如果创业者所在的企业的吸引力不是那么强的话，就需要先对行业的吸引力做一个分析，再决定自己是否要离开，或者重新制定一个行业选择方案。

问题 2：在整个行业里，企业所处的相对位置是？

就像“竞争战略之父”波特说的那样：“对大多数小企业来说，他们可能改变不了一个行业的结构。但是为了长期生存和持续发展，他们可以在行业中基于可持续的竞争优势建立一个有利于自身发展的地位。”

行业结构和许多方面都有关，把它们整理起来，可分为五个竞争性要素：一是新进入者的威胁；二是供应商的议价能力；三是购买者的议价能力；四是替代品的威胁；五是竞争对手的竞争激烈程度。这五个因素的相互作用共同决定了一个行业获得利益的能力。企业影响行业环境的能力决定了获得高回报的可能性。对行业环境的分析应该集中于理解这些影响企业生存和发展（或者盈利）的因素和条件。

（1）行业的普遍特性。行业的普遍特性包括技术不确定性、战略不确定性、初次购买者和短期行为等。在新兴行业里，通常存在很多技术的不确定性因素。既然没有什么所谓的一贯“正确”的战略，行业参与者将为产品定位、广告和定价等设计不同的方法，以及不同的产品结构或者生产技术，因此存在战略不确定性。新兴行业的产品或者服务的购买者必然是初次购买者。营销的任务之一就是使购买者产生对这种新产品或服务的最初购买决策。在很多新兴行业里，开拓市场或生产产品以满足需求的压力非常之大，往往头痛医头、脚痛治脚，哪里有问题先解决哪里的问题，而不是根据对未来发展情况的分析进行处理。人们较多注意短期结果，而对长期影响考虑甚少。

（2）行业结构五因素分析。行业竞争的强度和一个行业的获利潜能是五种竞争性因素相互作用的结果。创业者必须理解，竞争为客户想获得的价值提供了多种可选途径，而不是在直接竞争者中的一场战争，意识到这一点十分重要。对创业者来说，至关重要的是为客户提供比竞争对手更好的产品或服务。除了现存竞争者，创业者还应该注意潜在的竞争者，比如说供应者前向整合、购买者后向整合、市场新进入者和现有产品的替代品。

3. 社区环境分析

（1）确定企业位置。

确定企业位置主要应考虑下列因素：

社区人口统计资料。社区人口统计资料的研究帮助创业者确定社区消费者的构成。这些数据通常包括社区规模、居民的购买力（可支配收入）、教育背景、职业类型、居民中专业人士和非专业人士的百分比以及社区中创业者的活动情况。

在分析过程中，一些因素应引起关注。一是新创企业相对于社区和社区内其他企业的规模大小，规模分析将帮助创业者评价创业在销售、成长、人员雇佣和客户吸引力方面的潜力，这些因素都直接与规模相关；二是重要的人口统计特征是在社区活动的创业者数量，如果社区有许多创业者的活动，创业就会比较容易被接受，进入障碍也容易被消除。

（2）租用创业孵化基地。

创业孵化基地是小企业能以灵活期限和低廉租金使用的场地设施。相关支持性服务的获得和分享使用的程度，如财务、管理、技术和行政管理等，取决于租户需求的规模和性质。大多数创业孵化基地限制租用时间为 2 年到 5 年不等，新创企业可以在此租用所需空间场地。

创业孵化基地的主要目的是增加新创办企业的生存机会。国际上存在四类主要的创业孵化基地，每种类型的主要目标也有所不同。第一，政府资助：创造就业机会是主要目标。第二，非营利机构资助：促进地区发展是其主要的目标。第三，与大学关联：其主要目标是把基础研究与开发的成果转化成新产品或技术。第四，私人资助：其主要目标是盈利，同时对社区产生贡献。

4. 内部环境：资源、能力和核心竞争力

外部环境决定创业者可以做些什么，内部环境则界定创业者能够做些什么，对两者的分析将形成可持续竞争优势。分析内部环境的最重要目标是形成一种可持续的竞争优势（SCA）。当企业实施一种基于自身独特资源、能力和核心竞争力的价值创造战略时，就能实现竞争优势。而竞争优势取决于三个因素，即核心竞争力的过时速度、核心竞争力替代品的可获得性和核心竞争力被模仿的难易程度。换言之，在内部分析过程中，创业者面临的关键问题是，如何集中资源、能力和核心竞争力来创造客户价值？环境变化将使企业核心竞争力过时吗？核心竞争力有替代品吗？核心竞争力容易被竞争对手模仿吗？

知易行难，要发展一种可持续的竞争优势（SCA）绝非易事。不确定性、复杂性和内部冲突是影响关于资源、能力和核心竞争力的管理决策的先决条件。创业者正面临内部分析的挑战。由于加速发展的国际化趋势，环境的一般特性和行业环境、竞争者行为和客户偏好在持续地变化，具有高度的不确定性；形成一个企业的环境因素是错综复杂的；制定管理决策和受其影响的人们由于存在不同的观念、利益和行为方式等，往往容易形成内部冲突。所有这一切都对如何有效地利用资源形成企业战略能力，并对发展核心竞争优势的经营管理产生影响。

戴尔创始人迈克尔·戴尔有一名言：在生意场上，唯一不变的就是任何事情都在变化。传统的条件和因素作为竞争优势的来源，正变得越来越不重要。在变化的环境中从事创业，必定会屡经挫折，重要的是，创业者必须从犯错误和改正错误中吸取教训，从而培养迅速适应变化的能力。

二、大学生创业环境分析

（一）宏观环境分析

1. 政治环境分析

政治环境分析就是分析国内外政治形势和法律、法规、方针和政策等是否适合创业。如政局是否稳定，国外政治形势的变化等，又如国家对所从事的行业是鼓励还是限制、是否需要许可证、申请到许可证有多少可能性等，这些都涉及创业的门槛问题。国家鼓励的行业，机会多些，门槛就相对低些。

国家限制的行业或产业，创业的难度更大，投资更大，门槛更高，但获利的机会可能更多。

国家的产业政策、投资政策、税收政策、融资政策，以及知识产权保护、关税、环境保护、外贸等政策都对创业产生重要的影响。《中华人民共和国就业促进法》颁布实施以后，国家有促进大学生创业发展的政策措施，创业的政策环境得到较大的改善，有利于创业。

2. 经济环境分析

经济环境分析就是分析国内外经济形势和需求市场。可以从经济增长率、通货膨胀率、失业率、股票市场、外汇市场等来判断经济环境，并以此判断是否适合创业。

（1）市场环境分析。

分析市场环境就是分析市场需求是否活跃、市场秩序是否正常有序、物资供应是否充裕以及存在哪些非市场因素等。通过市场环境分析，关注创业所需的原材料供应是否有保证，研究是否存在没有满足需求的客户，如何避免或降低非市场因素的干扰等。

（2）市场竞争情况分析。

进入的行业里竞争情况如何？有哪些大企业？他们的市场份额有多少？是否存在大企业垄断？小企业是否有发展空间？小企业有多大的发展空间？通过市场竞争分析，关注竞争对手是谁、合作伙伴是谁等。

（3）资金市场分析。

创业所需要的资金可从资金市场上获得。资金市场的变化，如银根收紧或松动、贷款利息提高或降低、借款渠道多或少等都影响创业。因此需要关注贷款利率和贷款条件的变化。

（4）劳动力市场分析。

国企改革、人才流动的合理与否、大学生毕业、农村劳动力流向城市等都影响劳动力的供求。这些都对能否招聘到合适的员工及劳动力支出有重要的影响。

3. 技术环境分析

技术环境分析主要分析与所从事行业相关的科技发展水平及趋势，包括新技术、新工艺、新材料、新设备、新能源等的采用。科技进步速度的快慢、技术市场的发育与否、技术创新水平的高低等，都对创业有重要的影响，直接关系到对技术开发的投入、技术开发的方向和采用何种形式保护知识产权。

4. 社会环境分析

创业需要社会支持，所以分析社会环境是十分必要的。社会环境分析主要分析人口和居民的收入水平以及文化和教育水平。这些因素决定了产品开发的方向。人口的数量、分布和构成的变化都会带来不同的需求，对人口增长及其构成进行分析，可以帮助创业者进一步对消费群体进行细分，从而细分目标市场。例如，农民的需求与城镇居民的需求不同，大人的需求与小孩的需求不同。年轻人追求时尚，中老年更注重保健。生活水平高的地方对服装、文化娱乐等的需求较多些，对花色品种、商品的质量要求更高；生活水平低的地方食物类的支出更多些，对时尚的需求就少很多了。因此大学生应关注社会的变化，以便创业能够及时跟上社会发展的步伐。

（二）大学生创业环境存在的主要问题

自1998年清华大学举办“创业计划大赛”以来，大学生创业蓬勃发展。当前，我国正处于国际国内重大变革的过程中，世界科技革命浪潮、全球经济一体化、国内经济社会变革为学生创业提供了充足的机会。然而，由于诸多因素的影响，我国大学生创新创业的大环境仍存在一些亟待解决的问题，这些问题与大学生创业的动态发展并不十分一致。主要体现在以下几个方面。

1. 缺乏有力的创业扶持政策

近年来，中央和地方政府都十分重视学生创业的引进和优惠政策的实施。浙江省规定，除国家限制外，对倾向于个体经营的毕业生，三年内可免收各项行政服务费用。同时，可向当地银行提交小额保险小额贷款申请，贷款利息将由财力覆盖50%。但是，现阶段创业在我国并不普遍，因此政府对学生创业的支持还没有上升到战略层面，这项工作还处于起步阶段，需要进一步加强。同时，从中央和地方的积极行动来看，重点放在企业注册、税收和财政支持上，而对高等教育学生的教育、培训、辅导等方面的政策明显不足。

2. 创业教育和培训体系不健全

一些学者指出，系统的创业基础教育是保证学生创业成功的关键。发达国家一般都有更好的创业教育体系，比如美国，覆盖正规教育的全过程，一直到小学、初中和研究生院。我们的学生教育始于1998年清华大学举办的学生创业计划竞赛，主要目的是解决学生就业问题，而不是发展创业精神。尽管取得了一些成绩，但与国外相比仍有一定差距。所有的大学都非常重视以创业为基础的学生教育，但受到诸如培训和考试教育等因素的影响并没有将创业教育提升到一个适当的水平，对创业没有正确的理解。在教育领域，许多大学将学生创业教育主要视为毕业生职业指导的一部分，而不是从学生的整个学习过程开始。大学教师大多缺乏学术和创业经验，难以满足大学生的创业需求。在教育体系中，理论教育是首选。例如，向学生灌输创业的重要性和创业的基本知识，培养学生的创业技能。除高等院校外，许多地方政府对有一定成绩的高校毕业生开展创业教育活动，但整体教育水平较低，教育内容不集中，没有系统性和连续性，因此往往难以获得预期的培训成果。

3. 创业融资面临较大困难

资金是所有企业家，特别是学生企业家所需的重要资本。没有足够的资金支持，学生创业就不可能成功。一项关于学生自主创业的研究发现，82% 的学生创业资金来自个人和家庭，而其他资金来源非常有限。许多学生认为资金短缺是创业失败的主要原因之一，因为尽管创业热情很高，但缺乏足够的创业资金，或者中间缺乏资金，导致企业失败。尽管政府各部和一些大学为大学生设立了专门的创业支持基金，但由于涉及面广，这些基金相对于学生创业者个人而言通常规模较小，活跃程度较低。一些大学支持学生创业启动的资金不多，有些是几百元，有些是上千元，主要目的是唤醒学生的创业精神，对于实际的帮助并不多。同时，尽管存在风险投资基金，但由于我国资本市场的不完善，以及风险投资机构对投资项目开发和创业团队管理提出了更高的要求，在实践中，许多学生不符合这些高要求和风险投资申请。另外，由于大学生信贷额度较低，缺乏有效的贷款担保，银行往往不为大学生创业项目提供资金支持，难以有效实施像样的信贷优惠。

（三）优化大学生创业环境的基本对策

尽管大环境对实体经济和学生就业产生了重大影响，但它为学生提供了独特的创业机会。从总部到地方各级政府都在实施各种经济刺激计划，为改善经济环境做出积极贡献。此外，进一步改善学生的创业环境是十分有必要的。

1. 强化扶持政策，为大学生创业提供有力的政策支持

国外的成功经验表明，政策扶持是学生创业的重要保障。如果学生创业处于起步阶段，获得政策扶持具有重要意义。因此，各级政府应在现有基础上进一步重视大学生创业，将其作为“促进就业、保护人权”的战略目标，进一步

加强对大学生创业的扶持。为了提高创业扶持政策的有效性，一方面，政府应深入分析学生创业状况，了解学生的实际创业需求，要切实加强相关职能单位之间的沟通协调，集聚政治资源，充分发挥政策合力。另一方面，政府要扩大专项创业扶持资金规模，多渠道筹集资金，免收行政事业性收费，同时制定扶持措施和法规，鼓励政策执行，让更多的学生创业者可以使用他们喜欢的政策。此外，由于普遍存在资金不足、商学院学生融资困难等问题，贷款政策还需进一步完善，相关金融机构特别是国有银行要切实落实公共政策，优先安排学生创业低息贷款，选择信贷风险可控的项目，简化贷款审批流程，提高信贷额度，必要时由政府、高校等机构为申请贷款的学生提供贷款担保，缓解学生创业的资金压力。

2. 加强高校创业教育，为大学生创业奠定坚实的基础

高校创业培训应立足于教学内容和教学方法的变革，注重创新和实践，要不断深化课程体系改革，提高创业课程、实验、实践和社会实践在通识教育体系中的比重，并建立相应的教育质量评价体系，使创业学习成为学生整个学习过程的一部分。此外，学校应充分利用社会资源，加强与政府有关部门和企业界的联系，创建学生创业教育学习基地，邀请社区部分企业家到学校开展创业讲座，从而激发学生的创业热情，拓展学生的创业知识，增强学生的信心。

3. 加快发展中介机构，为大学生创业提供完善的社会服务

在创业发展起步较早的发达国家，普遍存在较为先进的创业经纪服务市场体系，对激发创业起到积极作用。在我国，创业特别是学生创业的发展历程相对较短，处于起步阶段，相应的经纪服务体系不是很完善，难以为学生创业提供有效的支撑。因此，现阶段学生创业支持只能由政府提供。但是，随着各种条件的成熟，我国将像海外一样，走各种社会中介支持学生创业的商业化道路，政府提供相关服务，规范相关事务。当然，中介发展是一个漫长的过程，不是一次性的事件。政府有关部门要充分认识中介机构在未来大学生创业发展中的重要作用，加快发展各类服务型社会中介机构。对此，可以通过政治领导、资金支持等方式，借鉴国外有益经验，结合我国具体情况，积极推动中介机构发展，加强相关领域的立法工作和机构设置，加强监管，创建一个运行良好的市场中介机构运行机制。市场中介机构的运行机制为学生提供各种服务，如专业咨询、项目评估等，以及学生自主创业所需的资金、知识和技能，从而培养学生的创业精神，以充实他们的专业知识，鼓励他们健康创业。

4. 培育创业文化，为大学生创业营造良好的社会氛围

人是环境的产物，社会文化环境，无论是积极的还是消极的，都会对人的价值观和行为产生影响。在学生创业方面，社会文化环境的影响也不容忽视。政府有关部门应努力营造健康的创业环境，充分认识企业文化对学生创业的重要影响，加快建立以政府为主导，大学和其他社会力量共同参与的企业文化机制。在实践方面，电视、报纸、网络等各种媒体应努力提高公众信息的水平，树立成功创业的典范，消除现有的社会陈旧规定型观念，在全社会营造鼓励创业的氛围。

第二节　国外大学生创业政策

一、国外创业政策的主要特征

随着创业对国家经济发展贡献度的提高，政府开始更加重视创业政策的作用，以提高国家的创业水平。创业政策作为直接影响一个国家商业活动水平的工具或战略，揭示了发展的几个共同特征。

（一）重视创业政策在促进中小企业发展中的作用

欧美国家认识到“二战”后中小企业对就业和整个国民经济的发展有着重大影响，十分重视中小企业的发展，制定了各种支持中小企业发展的战略和方案。自 20 世纪 90 年代以来，这些国家扩大了以创业为导向的中小企业政策，并改进了中小企业政策。

新的创业政策具有以下特点：（1）更积极地参与中小企业的活动；（2）更积极地促进了新业务和现有公司数量的增长；（3）在创业发展初期给予更积极的支持；（4）注重创业和构建更有利的营商环境，更积极地支持企业文化的形成。

与中小企业政策相比，创业政策侧重于创业整体，其主要目标是促使更多的人参与创业，以此作为创业企业逐步扩张的替代选择。国外中小企业政策和创业政策的基本特征差异见表 2-2-1。

表 2-2-1　国外中小企业政策和创业政策的基本特征差异

政策类型	中小企业政策	创业政策
目标	促进企业成长、提高企业效率	激励更多的人成为新企业家
对象	现有中小企业	初生企业家、创业者、个体户
客户群体	容易识别：已有企业	很难鉴别：初生企业家

续表

政策类型	中小企业政策	创业政策
服务方式	直接的金融激励机制（税收、贷款、担保等）	非金融的商业支持（网络、教育、咨询等）
关注焦点	良好的商业环境（税收制度、行政管理制度等）	创业文化、氛围（形成创业精神）
传输系统	基于已建立的企业	有许多新成员
生效时间	更紧迫，一般四年内有结果	更长期（很长时间才有结果）

（二）通过实施创业项目推动本国创业活动的开展

从海外创业政策制定的角度看，创业项目的实施是国家创业政策的核心。为满足企业家最迫切的财务、技术和信息需求，政府通过税收、信贷、金融和咨询服务等手段，向企业家提供全面支持，帮助他们创业。同时，在创业教育项目的框架内，为国家创业发展提供长期人才保留和智力支持，为提高公共创业质量做出贡献。世界各国出台的相关创业项目具体情况见表 2-2-2。

表 2-2-2　各国政府支持创业的公共政策项目

国家	项目	项目内容描述	拟解决的问题
英国	企业投资项目	通过税收优惠促使拥有一定财产的个人成为天使投资	扩大融资渠道
荷兰、葡萄牙	放松管制计划	政府机构尽力使小企业的行政负担达到最小	减轻创业企业的行政负担
法国、意大利	科技园区发展计划	试图推动新技术集群的发展	为企业发展提供技术支撑
日本	小企业协会培训计划	小企业协会与当地政府为小企业所有者及管理者提供创业培训	使创业者获得专业技能上的全面发展
美国	小企业发展协会计划	小企业发展协会的顾问为正在创业或已经在进行贸易的小企业委托人提供咨询	使创业者获得最新的创业信息和专业创业服务
澳大利亚、加拿大	创业教育项目	通过将创业内容整合到各级学校课程中，培养创业意识	提升全民创业素质

（三）建立制定和实施创业政策的组织管理机构

各国在治理方面执行的创业政策各不相同，但建立了适当的组织结构。如在美国，设立了专门机构（中小企业管理局），以制定和执行创业政策，指导和管理企业活动。英国在这方面也向小企业服务业转移。

与美国和英国所采取的方法不同，一些欧洲国家通过明确界定政府部门职责，对企业治理负有主要责任，并相应地在国家层面上协调企业管理的横向多学科方法，提高创业水平。如荷兰的经济事务部负责协调创业政策的执行，但在政府各部门之间也有大量的协商和协调。在芬兰，创业项目由产业贸易部领导，但同时又由九个部委和芬兰地区权力协会共同管理，通过协调委员会来协调各部门的工作。在西班牙，各部门之间的协调合作是通过在金融、财税和劳动力市场等不同领域设立工作小组来实现的，经济部部长则通过定期召开圆桌会议与地方相关负责人一起商讨相关事宜。

（四）政策越来越关注在全社会范围内培育创业文化

创业是一种复杂的社会经济现象，涉及各种生产要素的再分配。国家创业政策的主要目标取决于国情。在一些国家，如西班牙和芬兰，创业是增加就业的优先事项。其他国家，如冰岛和澳大利亚，越来越多地将创业视为财富和经济繁荣的源泉。其他国家将创业视为解决国内社会问题的一种方法。然而，无论创业政策的目标多么多样化，该国的发展仍然侧重于培育创业文化。为了激发创业精神，极大地提高创业效果，应为企业活动创造有利条件，在社会成员中形成舆论。在这方面，一些国家的政府制定了明确的、可量化的指标，如冰岛和荷兰，而大多数国家制定了长期政策目标，在更宏观的层面上培养企业文化，提高全民创业素质。

二、美国的大学生创业政策

（一）具有完善的创业教育体系

美国是世界上实行创业教育最早和最成功的国家，创业教育已成为美国创新源源不断的动力。

1. 多样化的创业教育组织机构

美国很多大学设有创业中心，其主要功能是把教师及学生的研究成果转移给企业。其他还有创业家联合会、智囊团、创业研究会、家庭企业研究协会等。

2. 多种渠道的创业教育资金扶持

美国国家科学基金会设立了实施“小企业创新研究计划”的机构，鼓励包括大学生在内的创业者积极创业。此外，创业教育还得到了社会各界的广泛支持。

3. 完备的创业教育课程体系

美国学校的创业教育课程，从小学、初中、高中、大学乃至研究生，形成了相当完备的体系。如今，美国已有超过 500 所的大学提供创业课程及学位。

4. 通过立法来加强就业、创业培训

近半个世纪，美国颁布了很多相关立法，通过这些立法来开展人员的多形式的培训。

（二）具有成熟的创业投融资机制

在美国，中小企业政策，包括对创业的支持，是在没有政府市场干预的情况下实施的。作为一个联邦政府系统，贷款担保由小企业管理局提供，但有些州除了提供贷款担保外还提供贷款。担保比例一般为贷款额的 76%，但对于 15 万美元以下的贷款，担保比例为 84%。中小企业部把中小企业划分为诞生期的企业（刚创业的企业）、创业企业（创业已 6 个月到 1 年的企业）、既有企业（创业后 1 年以上的企业）。在发展阶段向不同的企业提供不同的条件，包括短期（1 年以下）、中期（1 年以上）和长期（7 年以上）保障制度。美国通过建立私人投资公司，作为以先进资本市场和公民基金为基础的公司投资手段，并作为主要的中介机构，获得了高回报。

（三）具有应急的创业政策

美国政府于 2009 年 2 月 17 日出台了《美国复苏与再投资法案》（简称 ARRA）。根据这项法律，美国政府做出前所未有的巨大努力，恢复经济，保留或创造数以百万计的就业机会。这项立法的出台部分是为了应对一场前所未有的经济衰退，经济衰退导致了一系列措施，如使国家基础设施现代化、增加教育机会、提高能源独立性等。

美国政府于 2009 年 5 月 17—23 日开展小企业周活动，以弘扬创业精神，促进美国经济赖以生存的大量创业者和小企业的发展，从而创造就业，促进生产力发展，推动创新。具体的支持政策包括降低贷款费用、提供贷款担保、开放二级市场、简化申请程序等。

三、德国的大学生创业政策

与美国一样，德国非常重视发展学生的创业精神，在学校组织创业课程，鼓励学生尝试创业实践。此外，以银行为导向的商业投资模式和中小企业技术创新支持同样营造出积极的商业环境。

（一）积极培养学生的创业意识

德国政府和金融研究所在中学和大学联合举办创业课程，确保学生创办自己的公司，并与他们交流，了解他们。在德国经济研究所发起的“青年企业家项目”的框架内，九年级的高中生在学校的指导下创建小企业。与此同时，政府和德国会议银行在一些大学组织了讲座，公司代表参加了讲座。德国学者认为，学生缺乏创业知识和创业能力，最缺乏创业精神，这也是为什么德国政府明确建议高等院校成为创业家的熔炉。1998 年，德国大学校长协会和德国雇主协会发起了一项倡议，旨在创造一个全国性的环境，帮助大学毕业生进行自主创业。德国政府目前已在德国 12 所大学设立了创业方面的高级教员职位。在西方设立首席教授一职，意味着建立了一个相对完善的教育和研究部门。

（二）提供宽松的信贷援助和担保支持

德国政府实施了 650 项小企业发展计划。这些支持计划包括两大类，即对现有企业的投资和帮助开办新企业。除了银行贷款，还有招商引资项目，现有企业要么依赖自己的业务，要么提供传统银行贷款无法获得的投资。创业支持有各种各样的激励计划，其中最重要的是联邦政府的“特别欧洲复兴”计划。作为一家新成立的小企业，资产基金可获得 4 万马克贷款形式的财政援助，前两年免息。对于高科技产业，贷款额限制为 100 万马克或一年总投资的 1/3，不包括前两年的利息。在特殊情况下，20 年不包括利息。在担保方面，德国每个州都有专门的担保银行，为通过发行债券创建的小企业提供担保。政府为向小企业提供贷款的银行提供直接担保，以弥补高达 60% 或 80% 的损失。为此，中介也提供了保障。有趣的是，这些政府贷款和担保并非直接提供给创业企业。德国政府规定，企业家要获得联邦或地方政府的补贴，首先必须获得足够的私人本金投资，通过政府和私人投资者的多次检查，有效规避项目风险。

（三）构建完整的社会化服务体系

在德国中小企业社会化服务体系中，工商会、中小企业联合总会以及工业联合会、同业公会等行业组织效率高，基层网络较健全，在中小企业发展中起着重要作用。中小企业联合总会包括 55 个地方小企业分会、52 个国家级的行业协会和与中小企业有关的机构，为中小企业提供信息和建议，为企业提供贷款申请的鉴定和评估。除了上述机构外，德国还有一些社会服务机构在某一方面对中小企业提供项目支持和服务。如“创办人车间”项目，是德国青年企业经营者协会旨在帮助创办人的项目，向创办人无偿提供车间，让有经验的人帮助创业者，使企业能正常运作。另外有促进企业与投资者关系的“INSTI”项目，是联邦科教部、德国证交所和复兴贷款公司创立的专项促进计划，它为持有项目、专利的人和高新企业提供一个与投资人接触的平台，让有希望的商业项目和潜在的投资者对接。

（四）培养创新创业文化

在德国，各级都有传授创业知识的项目，从中小型大学到企业，刺激创业精神，促进高等院校学生和毕业生树立创业精神。德国政府认为，在全国范围内设立职业学校，提高覆盖380多个专业的所有工人的素质是一项战略目标。职业培训的大部分费用由联邦、州和企业承担。学生为公立职业学校学生和工厂学生。职业教育机构的培训是根据企业的职业培训要求进行的。近年来，越来越多的高中毕业生在进入大学之前，为了获得专业经验和工作经验而进行双重职业培训。

四、荷兰的大学生创业政策

荷兰位于欧洲西部，面积约4.2万平方公里，人口约1700万，人均国民生产总值居世界第10位。由于其特殊的地理位置与地缘政治，荷兰自古以来便以贸易与商业作为立国之本，虽然有联合利华、飞利浦、壳牌石油等少数几家大型企业，但其经济仍以中小企业为主。长期以来，荷兰各大高校与其他层次的教育机构有着各种各样的创业教育培训课程，2000年形成统一模式。荷兰经济部、教育文化科学部以及农业、自然与食品质量部三个部门联合在荷兰全国推广创业教育，并开展了名为“教育与创业合作计划”的项目，取代了之前规模较小的“学会创业”计划。其特色政策如下：

（一）项目带动创业政策

荷兰政府在创业教育上非常重视国际上的合作，与全球最大的创业基金会——美国考夫曼基金会（Kauffman Foundation）开展合作，为有创业想法的优秀学生提供各种创业实习的机会。被选中的学生将前往美国进行为期6个月高强度的创业培训，并与美国顶尖的企业家和教育家进行面对面的交流。学校同企业建立联系，通过举办创业大赛把大赛中学生的优秀创业项目提供给企业，企业将会投入资金入股以及以决策指导的形式来扶持大学生创办实业。

（二）以政府为主导的创业教育培训模式

荷兰政府高度重视创业教育，2008 年向国会提交的《荷兰王国创业教育报告》中明确提出了两个目标：第一，根据荷兰的课程和组织结构，讲授创业基础的教育机构数量有所增加；第二，采取积极接触方式的荷兰学生人数有所增加。许多荷兰知名大学，如格罗宁根大学、乌特勒支大学，将人才培养分为五种类型，即本科生教育、预科教育、研究生教育、创业教育、成人教育。荷兰大学将企业管理和创业课程整合到特定的创业教育项目中。透过个案研究法，学生可以从全职员工的经验中学习如何识别商机、把握商机及利用商机。许多创业教育家不是全职教师，而是商业领袖。如果邀请这些人参加讲座或演讲，学生可以直接获得商业经验，适应市场变化。此外，许多荷兰大学提供名为“三明治”的教育课程。这包括在公司学习期间必须练习的模块。虽然不是一种直接的创业教育，但它为学生提供了与实际企业互动的机会，为学生提供了学习机会，为其未来进行创业奠定了基础。

（三）政府鼓励建立地方性创业中心

由荷兰政府带头，从 2000 年至 2012 年在全国范围内建立了多个地方性创业中心，主要由政府出资，推进企业与高校合作，为希望创业的学生提供创业实习、理论指导以及创业后的各种服务与支持。此外，各个创业中心都有各自的侧重点。具体情况见表 2-2-3。

表 2-2-3　荷兰地方性创业中心简介

创业中心	参与者	侧重点
赫尔格朗省创业中心	阿纳姆学院、内梅亨学院、兹沃勒艺术学院	提升这些院校任课教师的创业意识与水平
荷兰创业计划	伊拉斯谟大学、莱顿大学、代尔夫特理工大学	与南荷兰知识联盟合作
马斯特里赫特创业中心	马斯特里赫特大学	同当地企业合作，为创业者成立一个国际知名的知识中心
阿姆斯特丹创业中心	阿姆斯特丹大学、阿姆斯特丹应用科学大学	主要研究各种不同的创业政策、教育方式对毕业生创业的影响
创新行业创业中心	乌特勒支艺术学院	将该艺术学院的毕业生培养成为创业型人才

荷兰被称为“欧洲的门户”，长期以来一直都是欧洲重要的物流与商业中心，商业被视为其立国之本，因此商业气息十分浓厚，社会对自主创业的态度也十分积极。

五、日本的大学生创业政策

21世纪初日本的教育体制改革充分激发了高校的创业热情，使高校通过多种形式参与企业经营。

（一）改革教育体制推动大学生创业

为了让政府和政府学术机构的研究人员能够参与到科技创业中来，日本政府在2001年彻底废除了公立大学教授的公务员身份，消除了学术机构研究人员的不安。此外，日本在2004年引入了研究经费和教育机构成果的外部评价竞争机制，使研究人员积极参与科技创业。

（二）出台创业支援政策

2009年以来，随着金融危机的影响，各企业经营不景气，就业形势十分严峻。国家以及地方政府积极鼓励大学生创业，并出台了一系列支援政策。同样，日本也采取了相应的措施。自2009年5月起，日本的经济产业省设立了一个名为“大学@大学院创业教育推进网络”的新组织，目的正是在日本的大学校园内加强大学生的创业教育。日本各地的研究生院和大学除了聘请创业学的顶级讲师担任讲师外，还为学生提供高等院校的实习机会。2009年，该组织的预算为5300万美元。根据日本大学和高等教育机构的调查，美国大学和研究生院提供的企业教育课程超过5000门，增长了20多倍。在日本，企业家只占美国学生总数的一半。因此，日本经济产业认为，日本的创业教育将为学生创业提供足够的发展机会，有助于激发日本经济的活力。经济和工业部还在教育部网站上发布了开设创业课程的教科书和大约250名大学教师的信息。

六、国外大学生创业政策对我国的启示

从以上的介绍当中，我们可以看到，国外的大学生创业政策有很多地方是值得我们借鉴的。

（一）注重树立创业素质理念

在荷兰的教育理念中，我们可以得出这样的结论：创业可以发生在人生的任何阶段，想要做出一番事业的人不需要在离开学校后立即选择做什么。作为

一个成功的企业家，较高的管理技术水平、丰富的市场经验是非常重要的，这些都需要毕业生长期积累。“创业教育”本身并不是为了“创业”，而是为了提升国民综合素质，可以说这是荷兰创业教育理念最大的特色。创业教育不仅仅是解决就业问题的一种途径，也是提高社会创新能力与竞争意识的方法，同时还为创新型国家的建设输送高素质人才。因此，原有的“为创业而实施创业教育”应当变成“为提高素质而实施创业教育”。学生在具备了创业教育的核心——企业家精神以及相对应的素质后，往往更能适应职场中的竞争。即使毕业后学生并未真正地创办公司，也能在现有的工作岗位中进行创新，实现自我价值与集体价值的统一。

（二）以立法促进创业

与国外成熟的商业政策相比，我国的法律法规还不够完善，对学生创业的强有力的激励和保护机制尚未形成。从创业的角度来看，很多企业在生存过程中都面临着各种法律障碍和财产纠纷。为了创业，迫切需要创造一个更加自由的法律环境。对此，有必要扶持学生创业者这一“弱势群体”，优化创业活动的条件，采用适当的法律法规来维护学生创业者的利益。

（三）普及创业教育，扩大高校自主权

创业教育对创业的发展至关重要。在中国，创业培训并不普及，没有有效的创业培训机制。因此，为了培养学生的创业精神，有必要将创业教育转向中学和大学，将创业精神转移到校园外，让学生更快地了解社会和创业。高等教育机构是知识的天堂，充满着巨大的创业潜力。如果政府能够充分发挥这一潜力，促使高校参与创业活动，不仅会带来巨大的经济和社会效益，还会促进创业创新，为科研提供更好的平台。因此，有必要扩大高校的自主权，使高校积极参与创业活动，创建尖端科技企业，从而促进经济发展。

（四）健全创业失败保障机制

健全的创业失败保障机制可以使创业者免去“后顾之忧”。我国的创业失败保障机制尚未形成，无形中阻碍了创业活动的发展。在国外发达国家，健全的创业失败保障机制是创业体系的必要组成部分，因此，我国可以从产权转移、社会保障、再就业等方面形成保障机制，为创业失败人员创造良好的环境，使之能够顺利地进行再创业或就业。

第三节　我国大学生创业政策

一、大学生创业政策的历史回顾

（一）大学生创业政策的概念界定

20 世纪 80 年代全球知识经济时代的到来和美国大学校园的创业活动，不仅在 90 年代初引起了中国科学院对创业和创业教育的重视，同时也带动了清华大学 1998 年推出的首届“清华大学创业计划”大赛和校园大学生创业市场活动。这也使得大学生创业逐渐上升为一个政策问题，引起了政府的关注和重视，大学生创业政策也进入人们的视野。

大学生创业政策是针对大学生群体的（广义的）。其目的是培养大学生的创业意识，激发大学生的创业精神，提高创业能力，促进大学生创业活动的顺利进行。同时，必须通过创业带动就业，促进社会全面和谐发展。

（二）大学生创业政策的时期变化

从事物发展的视角来考察我国大学生创业政策，具体可分为以下几个时期。

1. 1999—2002 年：以高校自由探索为主，提倡大学生高科技创业

为了与 1995 年 5 月中共中央国务院《关于加速科学技术进步的决定》提出的“在全国实施科教兴国的战略”这一宏观政策要求相呼应，也为了适应国际教育改革与发展的趋势，教育部率先对清华大学等一些大学校园发起的大学生创业活动表明了态度，即鼓励和支持大学生自主创业。如 1999 年 1 月教育部制定、国务院批转发布的《面向 21 世纪教育振兴行动计划》第 27 条指出：加强对教师和学生的创业教育，采取措施鼓励他们自主创办高新技术企业。1999 年 5 月国务院办公厅转发教育部等部门《关于进一步做好 1999 年普通高等学校毕业生就业工作意见的通知》也提出，“鼓励和支持毕业生到非国有制单位就业或自主创业”。1999 年 6 月，在第三次全国教育工作会议上，时任国家主席的江泽民也要求政府给予政策、小额贴息贷款等方面的支持，扶持大学生开办企业，特别是小型科技民营企业。与此同时，团中央、教育部、中国科协、全国学联联合主办了首届大学生“挑战杯”创业计划大赛，2000 年和 2002 年又分别在上海交通大学、浙江大学举办了第二届、第三届创业计划大赛。

这些由政府部门策划举办的创业大赛，提高了社会对大学生创业活动的认可度，在全国产生了强烈的政策信号，对在高校普及创业知识、倡导创业理念

产生了前所未有的影响，带动了创业行为，对大学生的教育和示范也起到了很好的作用。

2002 年 4 月，教育部召开了普通高校创业教育试点工作会议，正式发文确定清华大学、北京大学、中国人民大学、北京航空航天大学、上海交通大学、南京经济学院等 9 所高校为创业教育试点院校，并给予资金和政策支持。如大学生、研究生（包括硕士、博士研究生）可以休学保留学籍创办高新技术企业。期间，教育部多次举办创业教育试点学校研讨会，教育部高教司还组织举办了“教育部创业教育骨干教师培训班”，积极推进高校创业教育的发展。此后，一些高校开展了以创业教育课程为特色的创业教育活动，大学生创业热情空前高涨。

以上表明，在此期间，政府通过一系列制度措施正式参与学生创业，并为学生的创业指明了方向。该政策的特点是：第一，结合国家政策方向——“科教兴国”，鼓励学生追求自己的科学领域，利用优势积极参与前沿创业；第二，作为高校毕业生就业制度改革的突破口，培养学生的创业精神；第三，政策主要由教育部发布，主要活动方向为高等教育机构；第四，政策具有一般性，主要是因为很多原则和方向都是公开的，对学生创业主要是心理支持。

2. 2003—2006 年：*提供创业优惠政策，重视普遍的创业活动*

大学生创业活动曾经随着 2001 年以来大量学生企业的倒闭而陷入低谷。但 2003 年以来，随着大学扩招之后大学毕业生逐步走向就业市场，毕业人数剧增，面临严峻的就业形势，创业话题再度被提起并得到政府的关注和重视。

2003 年 5 月，国务院办公厅在颁布的《关于做好 2003 年普通高等学校毕业生就业工作的通知》中要求，凡高校毕业生从事个体经营的，除国家限制的行业外，自工商部门批准其经营之日起，1 年内免交登记类和管理类的各项行政事业性收费。有条件的地区由地方政府确定，在现有渠道中为高校毕业生提供创业小额贷款和担保。

同年 6 月，国家工商总局发布通知，就 2003 年普通高等学校毕业生从事个体经营出台了比较具体的有关收费优惠的具体政策。2004 年 4 月，共青团中央、劳动和社会保障部联合发布了《关于深入实施“中国青年创业行动”促进青年就业工作的意见》，要求从普及创业意识、培养创业能力、提供创业服务、优化创业环境、完善对青年的就业服务五个方面采取措施，引导、帮助广大青年（包括大学毕业生）在创业中实现就业。

在随后的 2005 年，国家更是加大了对大学毕业生自主创业的支持力度。

如《关于进一步做好2006年高校毕业生就业有关工作的通知》（劳社部发〔2006〕17号）第四条、《关于做好2007年高校毕业生就业有关工作的通知》（劳社部发〔2007〕13号）第三条，以及《关于进一步加强创业培训推进创业促就业工作的通知》（劳社部发〔2007〕30号）等政策对大学生创业活动的优惠扶持力度有所加大。其中包括扩大创业教育试点范围，设立大学科技园以及创业孵化机构，加大创业培训力度，建立创业孵化基地，实施创业税费减免、小额担保贷款等。

这一政策得到了许多地方政府的响应。例如：建立高校创业园区，为大学生创业实践提供场所；设立扶持大学生创业基金，为新创企业减免税收、租金及行政性收费。上海市政府从2006年起，连续5年，由市科委、市教委每年各投入5000万元，每年向基金会投入1亿元专项拨款，以鼓励和支持大学生进行自主创业实践；河南、山东等省则推出了高校毕业生“试营业制度”，实行货币出资“零缴付”、经营场地“零成本”、服务创业“零收费”等优惠措施。

以上政策表明国家已经意识到要促进大学生创业，不仅要有创业鼓励措施，还要创造良好的创业环境和市场条件。与上一阶段相比，这一阶段大学生创业政策也发生了一些明显变化：一是与以往仅重视大学生高科技领域创业不同，开始重视一般行业的大学生创业（如服务业、个体零售业），并给予了许多实质性的优惠政策；二是创业政策的关注点更多地投到了大学毕业生身上，强调创业培训在促进大学毕业生拓宽就业领域中的重要作用。

3. 2007—2011年：更多部门参与，重视全面改进创业环境

2007年8月开始出现的金融危机所带来的劳动力市场需求的萎缩以及大学扩招步伐加快所带来的越来越多的大学毕业生不能如期就业，使大学生就业问题日益成为社会关注的热点问题，成为直接关系社会和谐稳定的大事。在这种政策背景下，以创业来解决大学生的就业问题就成了国家大学生创业政策的一个愈加明确的信号。此时，有关扶持大学生创业的政策的出台频率明显提高，政策内容也更加详细，政策发布的主体也由以前的几个部门到现在十几个部委，除教育部以外，还有劳动与社会保障部、科技部、中华全国总工会、共青团中央、工业和信息化部、国家工商行政管理总局、中华全国工商业联合会、财政部、中国人民银行、国家税务总局等。

这说明中国政府从中央到各个政府部门对于大学生创业已形成了基本的政策共识，给予大学生创业更多、更广泛的重视，也显示出我国政策制定部门对全面改进创业环境有了更深刻的认识。

一是从提供单纯的创业技能培训，到提出包括创业意识、创业知识、创业技能培养的全面的创业教育，希望从源头上促进大学生创业。如 2010 年 5 月，教育部召开了“推进高等学校创新创业教育和大学生自主创业工作”的视频会议，并下发《关于大力推进高等学校创新创业教育和大学生自主创业工作的意见》，提出“通过开展创新创业教育工作，促使高等学校不断更新教育观念，改革人才培养模式、教育内容和教学方法，将人才培养、科学研究、社会服务紧密结合，实现从注重知识传授向更加重视能力和素质培养的转变，提高人才培养质量”。2011 年 3 月，国务院总理温家宝在政府工作报告中也专门强调，要“提高教育质量，增强学生的就业创业能力”。从以上政府颁布的有关大学生创业的政策以及国家领导人的讲话中可以看出，政府已经意识到学校教育在推进大学生创业方面的重要作用，并把创业人才培养与高校的人才培养模式改革以及人才培养质量的提升联系起来。

二是从单纯提供创业优惠政策到提供全创业领域的服务。如 2010 年人力资源和社会保障部在不到两个月的时间内连续发布了《关于实施 2010 高校毕业生就业推进行动大力促进高校毕业生就业的通知》和《关于实施大学生创业引领计划的通知》两项政策，除了强调继续加强创业教育、开展大学生创业培训（实训）、加大对大学生创业的政策优惠扶持（如大学生自主创业三年内每年减免 8000 元税费）之外，着重提出了要为大学生创业提供指导服务和孵化服务，如指导大学生制订创业计划书，为大学生制定创业路线图，成立大学生创业导师团、专家志愿团，为创业大学生提供低成本的生产经营场所和企业孵化服务。

4. 2012 年至今：重视政策的落实与改革

此阶段，我国政府出台了较多政策文件以进一步落实大学生创业的政策支持。例如，国务院办公厅下发了《关于做好 2013 年全国普通高等学校毕业生就业工作的通知》，明确对各地各部门做出指示，提出应进一步完善创业政策，降低高校毕业生的准入门槛，为其创业提供更加完善的税费减免、小额担保贷款及贴息等优惠服务。2015 年，人力资源和社会保障部发布的《关于做好 2015 年全国普通高等学校毕业生就业创业工作的通知》关注就业创业相关政策的落实，要求各地各部门落实大学生创业的各项优惠政策（如创业培训、创业服务及小额担保贷款与税收优惠等政策），真正地方便大学生投身于创业活动。2018 年，教育部发布了《关于做好 2019 届全国普通高等学校毕业生就业创业工作的通知》，明确指出要“推动双创升级，着力促进高校毕业生自主创业”，提出应当全面深化创新创业教育的改革，完善并落实创新创业优惠政策，加大对应届毕业生在创新创业方面场地、资金、税收等的扶持力度，强化针对应届毕业生的创业指导与服务。2020 年 3 月，为减轻新型冠状病毒肺炎疫情对高校毕业生创业的不利影响，教育部强调应特别重视大学生创业政策的落实，要求各地教育行政主管部门与全国各高校会同有关部门落实大学生创业优惠政策。

在这一阶段，我国政府相关部门进一步关注创新创业教育，对大学生创业的扶持力度加大，更加重视相关部门对于创业政策的切实履行与改革发展，大学生创业政策体系已日趋完善。

二、大学生创业政策的实施成效及其问题

（一）我国大学生创业政策的实施成效

1. 大学生创业环境得到明显改善

全球创业观察（GEM）对创业环境优劣的衡量有 9 个方面，分别是金融支持、政府政策、政府项目、教育和培训、研究开发转移、商业环境和专业基础设施、国内市场开放程度、实体基础设施的可靠性和文化及社会规范。2002 年全球创业观察中国报告的数据显示，我国的创业环境综合指数是 2.69，在 37 个 GEM 参与国家和地区中排在第 23 位，处于中下水平。在上述 9 个方面中，突出问题是创业投资的比例很低，创业教育和培训相比西方落后，政府项目不多，政府为创业企业提供服务的效率相对较低。

近些年来，随着中央及地方政府部门多项促进大学生自主创业活动的财政金融支持政策、税收优惠政策、创业教育政策、培训政策以及服务政策的颁布与实施，大学生自主创业的环境得到明显改善。2014 年 1 月 18 日发布的全球创业观察中国报告的数据显示，2002 ～ 2012 年间，我国的创业环境综合指数从 2002 年的 2.69 提高到 2012 年的 2.8，在 69 个 GEM 参与国家和地区中排名为第 36，处于中上水平。

2. 大学生创业人数逐年增加

我国大学生创业政策的出台，为大学生创业活动提供了越来越多的政策支持，大学生创业活动更加活跃，创业的人数也呈逐年增加的趋势。在全球的创业活动中，中国处于非常活跃的状态。2006 年全球创业观察中国报告的数据显示，我国的创业活动指数为 16.2%，高于 2002 年的 12.3%、2003 年的 11.6% 和 2005 年的 13.7%，在 GEM 参与国家和地区中排名第 6 位，已远超日本、新加坡、印度、泰国等其他亚洲国家。其中最值得关注的是，受过高等教育的

18～24岁的自主创业者在创业活动中的比重大幅提高，超过了20%。这说明，大学生自主创业活动较前几年更为活跃。此外，麦可思研究院发表的就业蓝皮书显示，2010届大学毕业生自主创业比例达到了1.5%，比2009届（1.2%）高0.3个百分点，比2008届（1.0%）高0.5个百分点。教育部相关数据显示，2011年全国大学生自主创业人数为15.9万人，比2010年增加47.2%。这表明随着创业政策的出台，大学生创业人数在逐年增加。

3. 促进了大学生就业与地区经济增长

大学生创业政策的积极意义还包括促进企业活动、减轻就业压力和促进经济繁荣。它不仅帮助大学生实现自主创业，而且为社会提供更多的就业机会，帮助他人实现就业。2006年全球创业观察中国报告数据显示，有50%的新企业生产了新产品，使用了新工艺，有29%的新企业在未来5年能提供20个以上的工作岗位，有44%的新企业能提供1～5个工作岗位。2006年，我国的创业活动活跃程度高于创业GDP曲线，表明我国的创业活动对GDP贡献的潜力在增加，对未来经济稳定发展起着积极作用。通过提供新颖的产品、新颖的工艺、更多的出口、更多的工作机会，创业活动成为经济增长的主要推动力。

（二）我国大学生政策执行过程中存在的问题

在实施自主创业政策的过程中，大学生面临诸多困难，具体表现在以下几个方面。

1. 偏重减轻就业压力而忽视其深层含义

为了缓解大学毕业生的就业压力，国家提出了学生自主创业的政策。但在这一政策的逐步实施过程中，忽视了其深层含义，即唤醒学生的创造潜能、唤醒学生的不服输意识、提高学生素质。在这一政策的实施过程中，有些地区倾向于按照最初的意图进行诱导，这在一定程度上削弱了学生的创业精神，无助于学生潜能的激发和创造力的展现。

2. 过于看重创业的结果而偏离了政策的导向性原则

由于大学生的投资和创业存在风险，并非所有创业的大学生都能成功。这是大学毕业生创业前所担心的一个重要问题。这也是大多数毕业生宁愿降低自己的价值为别人工作而不愿自己创业的原因之一。为了扭转这种局面，地方政府部门发起的创业交易主要针对低技能、简单可行的民营企业，如连锁餐饮公司、家政服务公司和商品运输公司。引导准备自主创业的毕业生选择一个简单、零技能的投资方向，这种无形的做法很实际，但在一定程度上扭曲了培养大学生创业精神的政策导向。它忽视了对大学生潜能的激发，削弱了竞争力，使大学生所学的技能和知识难以应用。

3. 各项创业优惠政策难以真正实施

国家为了鼓励大学生创业而出台的一系列创业优惠政策，如简化相关手续审批流程、减免税收、为大学生创业贷款提供担保、降低贷款利率、为毕业生免费保管档案、免费提供创业咨询服务、为创业企业员工进行免费培训和测评等，为大学生创业活动提供了一定的便利条件，但其中一些政策界定得并不十分明确，给实际操作带来了一定的困难。有些在执行过程中变了样，尤其是在经营领域、融资渠道和税收优惠等关系到大学生创业的关键问题上，创业者并没有享受到真正的优惠待遇。一些地方政府甚至出于自身利益的考虑，并没有很好地落实国家下达的相关政策，对其采取"上有政策，下有对策"的执行方式，即剔除不利于地方政府利益的政策，只执行一些优惠力度较小的政策等；或采取变身术，在政策地域化的过程中曲解国家扶持政策等。虽然一些地方税务部门由于国家政策，不得不减少大学生公司的税收收入，但为了不影响政府财政部门的税收收入，他们会收取其他费用。为抵扣税收，应国家要求在一些地方落户的大学生个体户中心没有实名。这些中心的员工对大学生的创业知识知之甚少，他们不能为毕业生提供有价值的创业建议和风险评估。因此，创业咨询中心形同虚设，不能真正发挥作用。此外，档案和职称评定问题已成为创业毕业生必须面对的现实问题。

4. 各大高校开展的创业教育偏离政策预期

受大学生创业政策初衷的影响，一些高校的领导、教授、学生和家长认为，创业是缓解就业压力的最后手段。这些对大学生自主创业本质内涵的误解，使得一些高校对创业教育活动兴趣不大，甚至无动于衷。目前，高校创业教育大多是对大学生创业政策的机械式落实，创业教育课程缺乏系统性和针对性。很多高校的课程大多只是对创业知识的概述，缺乏对创业实践的讲解，缺乏创业教育的师资。目前，高校创业教育相关课程大多由高校辅导员授课。他们并不是这个领域的专家，他们对大学生创业政策了解不够，不具备开设创业教育课程的能力，教育质量得不到保证。由于学校与社会企业缺乏联系，学生创业教育仍处于纸上谈兵的状态，无法保证学生进入相应的公司实习。

第四章　大学生创业能力与素质

大学生创业光有创业精神还不够，还必须具备相应的能力和素质，如职业能力、社交能力、心理素质、身体素质等，本章就将对这些大学生必备的创业能力与素质进行具体的分析。

第一节　大学生创业应具备的能力

一、大学生应具备的创业能力

一般来说，创业能力就是指创业者的专长和经验，如市场调查、技术专长、企业管理、用人理财、公关促销、开发开拓、规避风险等。创业能力是一种高层次的综合能力，可以分解为职业能力、经营管理能力和综合性能力。

（一）职业能力

职业能力是指专业技术能力，是企业家支配和运用专业知识进行专业生产的能力。创业者必须具备的专业技能主要体现在三个方面：在公司担任一个大型专业岗位的必要能力；接受和理解与公司经营管理有关的新技术的能力；具有将环保、能源、质量、安全、经济、劳动等方面的知识和法律法规应用于工业的能力。为了具有专业技术能力，必须掌握基本的专业知识、主要的专业课程、主要的技术和职业技能。专业技术技能的形成具有很强的实用性。在实践中必须探索许多专业知识和技能，并逐步加以改进。创业者应意识到在创业过程中积累的专业和技术经验以及职业技能的形成；在更深入了解的基础上，必须改进和扩展书中介绍的知识和经验；应该探索书籍中未介绍的知识和经验，在探索过程中，必须进行详细的记录，并进行分析、总结和归纳，以形成理论，从而积累个人的经验特征。只有这样，专业技术能力才能不断提高。这就要求创业者在第一次创业时尽量选择自己熟悉的项目。当然，创业者也可以利用他人，尤其是员工的知识和技能来管理自己的企业。但是，当他们第一次创业时，如果他们能够从自己熟悉的领域开始创业，就可以避免“外行领导专家”的尴尬，并使创业的成功率大大提高。

（二）经营管理能力

经营管理能力是指创业者在创业活动中对规划、决策、实施、管理、评估、信息反馈进行调控的能力。经营管理能力，是一种较高层次的综合能力，是运筹性能力，直接影响到创业者的发展方向、经济效益及成功的达成度。

经营管理能力可以从经营和管理两个方面理解。

1. 学会经营

企业的目标是在资源既定的情况下，实现利润最大化。创业者有了明确的创业目标之后，就要正式组织实施创业计划了。首先创业者必须学会经营，只有这样，创业者才能在充满竞争的市场环境中确立自己的优势所在，找到自己的位置迅速立足。企业资源所含的内容很多，除了厂房、物料、设备这些有形的资源，还包括人力资源、资金、信息、企业上下游的供应商和客户等属于企业的无形资源。学会经营就是学会统筹管理企业的这些资源，本质就是资源的合理利用。

以下这些问题都是创业者在经营企业的过程中常常会碰到的：市场需求是多变的，怎样使自己的企业适应这些需求？怎样准确及时地兑现客户的承诺？怎样使生产计划和活动保持均衡？怎样防止出现库存积压和物料短缺的情况？怎样对企业生产情况进行准确了解？怎样在保证质量的前提下把产品成本降到最低？怎样把财务管理的作用充分发挥出来？怎样让企业各部门在遇到问题需要处理时可以从全局视角进行考虑？其实解决这些问题的过程，就是学会经营的过程，那就是在信息系统的支持下，以“平衡供需”为目的，合理规划，有效配置企业资源，提高资源的利用率。

2. 学会管理

对创业企业来说，学会管理首先就是要学会质量管理，创业者必须严格把控质量关，因为质量是一个企业能顺利发展和生存下去的基础，只有做到了这一点，企业才能继续往下走，才能坚持最大利益的原则，实现创业的最终目标。

（三）综合性能力

综合性能力是指创业过程中所需要的行为能力，是创业成功的保证，主要体现在以下五个方面。

1. 人际交往能力

人际交往能力是从事管理工作必须具备的基本能力。创业者必须具备较强的人际交往能力，是因为创业者需要跟不同的人打交道，比如消费者、企业员工、供货商、金融和保险机构、同行，甚至是各种管理部门，只有具备良好的人际交往能力，才能在与这些人的沟通中顺利解决问题，实现自己的利益最大化。在公司组织中，管理层通常负责领导特定部门或链接中的众多个人或团体，并共同参与生产和运营活动。因此，管理层需要提高组织能力，适当分配人员，安排工作任务，协调工作流程，并将计划目标连续不断地转化为每位员工的实际行为，促进生产经营有序稳定地往前推进。此外，管理层可以成为有效的协调者，以充分利用集体力量，并适应工作组成员和各个部门之间、公司复杂的内部和外部之间的要求。同时，管理层需要协调工作组之间的关系，以鼓励员工一起工作，并创建和谐的组织氛围。

2. 解决问题能力

企业家非常关注他们解决问题的能力。使用统一的定义，很难定义解决问题的能力。它是指一种综合能力。面对问题时个人倾向于认为困难、不熟悉和较差的任务可以解决。解决问题能力强的人在工作过程中不愿接受他人的帮助，他们具有较强的理解能力和高效的信息处理能力，并且经常找到解决问题的创造性方法。创造力、敏感性和问题重新定义是在个人处于不利环境下解决问题的关键因素。

3. 创业创新能力

创业创新能力是创新型人才必须具备的基本能力，主要指发现新问题、提出新方法、建立新理论、发明新技术的能力。培养创新能力主要是培养创新思维能力、实践活动能力、动手操作能力以及遇到问题之后最终解决问题的能力。创业能力则是指能够顺利实现创业目标的特殊能力，包括专业技术能力、经营管理能力和社交沟通能力、分析和解决实际问题的能力、把握机会和创造机会的能力等。创新能力的大小对创业能力有着直接的影响，创新能力强的人，创业能力也不会太弱。

基本上所有的创业家都认识到创新是企业生存和发展的基本所在。固定资产近 30 亿的中国工业电器龙头企业浙江正泰集团董事长南存辉在总结企业发展时说："优秀企业的发展，总是打败竞争对手，超越自己的结果。正泰的创新在于技术创新、系统创新和管理创新。"

创新是创业者的重要特质和品质之一，同样也得到了政府领导者的认可。2008年，时任国务院总理的温家宝出席夏季达沃斯论坛年会开幕式和企业家座谈会，回答了世界经济论坛主席施瓦布和企业家的提问。他对在座的企业家提出了两点希望。首先，企业家必须坚持创新。如果你想成为领导、一流企业、一流经济，没有创新和比别人先走的话就没有出路。其次，企业家必须有道德。每个企业家都应该有道德血统，每个企业都必须承担其社会责任。合法运营和道德相结合的企业是社会需要的企业。

4. 管理情绪的能力

如何妥善管理情绪是现代人非常关注的问题。中国古代思想家老子认为人们应该“无惊”，面对任何情况都不应该有太多的情绪反应。谈及老子的思想时，中国作家王蒙提到，人一下就做到“无惊”是很困难的，但一定是一个渐进的过程，从大惊到小惊，从小惊到无惊。良好的情绪状态应该是企业家应当具备的特点之一。

还没迈入社会的大学生，人生经历相对简单，所以情绪起伏很大，容易在遇到问题的时候情绪跟着事情走。学会与情绪和平相处，做情绪的主人，在遇到问题的时候妥善管理自己的情绪是创业者必学的能力之一。

如果一个人容易担心和焦虑，或者经常因害怕失败而放弃，那么这个人非常不适合管理公司。情绪稳定对工作有着重大影响，尤其是在压力大的工作中。情绪稳定的人可以更加冷静地进行思考，对自己的生活感到满意，并且很少灰心。情绪不稳定的人易表现出不安、焦虑、悲伤的情绪。可见，情绪稳定是创业的优势。

5. 对不确定性的容忍能力

对不确定性的容忍能力是指在复杂环境中生存，忍受矛盾，不屈不挠地解决各种复杂问题的能力。其是创业人格特质的一个独特构成部分。

事实上，创业活动本身就是一种不确定的活动，是考验人们意志的活动。不确定性、不一致、不完整、不准确和矛盾可能会发生在公司的开办过程中。个人能否承受不确定性以及如何忍受不确定性将成为创业的关键。出现不确定情况时，一些人无法承受不确定性带来的压力，匆忙处理和解决问题；而一些人很有耐心，对不确定的情况有更大的容忍度。一些研究表明，创业者对不确定性的容忍度高于管理者。

二、大学生创业能力的基本表现

创业能力直接影响到个体创业实践活动的效能。它的基本特征表现在如下四个方面。

（一）创业能力是在创业者个体心理主导下形成并发挥作用的一种操作系统

创业能力作为能力结构的重要组成部分，从属于人格心理学。根据系统论，它应该受到个体心理的影响。例如，在人格心理学的动态系统中，人格倾向（理想、信念、世界观、价值观、利益观等）对创业能力起到激励和引导作用；气质等心理特征人格的本质是心理调节系统，在企业胜任力中起到调节和规划作用。创业能力与开创性个性具有高度的相关性。开创性个性是一种心理过程和行为过程的统一，是个体由内向外的社会实践开拓过程。它的一个明显特点是，通过改革创新，开拓者和企业家能够主观地、积极地影响社会发展进程。具有较强创业能力的人往往具有开拓精神。

（二）创业能力是一种以智力为核心的较高层面的综合能力

创业能力包括对各种内外因素的理性认识。这种理解包括感知、注意力、记忆、想象力和思考能力，都在智力的范围内。这些共同特征构成了企业能力的核心。在此基础上，企业能力可以外化为三个层次，即专业能力、管理能力和综合能力。专业能力包括专业知识和技能。管理能力包括规划、组织和实施商业实践活动，反馈各环节以及组织人力、财力和物力的能力。综合能力包括发现机会、利用信息的能力，以及人际交往能力等。在这样一个大型能力系统中，智力起到了通与融的作用。没有智力活动的作用，创业能力的三个层次不可能实现由低到高的顺利递进。所以这种综合，既有静态结构意义上的系统组合之意，也有动态运作过程中的凝聚融会之意，这种复杂的内在结构的包容性，表现为创业实践活动中人的能力的整体性。经过调查，有学者列出了“中国企业家九大成功素质”，排行榜如下：①紧紧抓住市场机遇的能力；②具有敏锐的政治头脑；③具备超常的勇气与魄力；④思维周密，分析能力极强；⑤应变能力强；⑥高水平的管理才能；⑦用人有道；⑧极端重视信息：⑨个人能力与个人形象。这是与我们的上述理论相吻合的。

（三）创业能力是一种运用创造性思维求新、求变、求异的探索能力

创业活动是一种极具创造性的社会实践活动。从某种意义上说，这是一种

创新活动。创新是企业成功的源泉，也是企业家必须具备的能力。创业能力的一个基本要求是创造性思维，它要求个人在社会实践中不断开发自己的潜能，不断开拓自己的思维，与时俱进，不断战胜现实和挑战。具有创业能力的个体，其思维呈现出流畅性、灵活性、独特性和敏感性等特点。他敢于打破陈规定型，打破传统的集权思维，延续发展教育思想，转变解决问题的思路，多角度寻求最佳答案，敢于"离经叛道"。

（四）创业能力有很强的社会实践性

1989 年，参加泰国会议的各国专家，结合各国实际和自身经验，运用"头脑风暴法"在提交的报告中创建了创业能力的概念框架。这种概念框架表明，创业能力是一种以操作能力为核心的具有较强综合性的能力。创业能力定位成一种行动能力，表明创业能力是一种实践能力，直接影响创业实践活动的发展，是创业实践活动成败的主要因素之一。同时，创业能力离不开创业实践活动，而创业实践活动是创业能力的土壤。

三、大学生创业能力的培养

英国有 96% 的高校开展了大学生创业教育，而在中国，创业教育尚处于萌芽阶段。为此，我们要加强大学生创业教育，通过创业教育就有可能把潜在的能力外化为实实在在的现实能力。根据前面我们对创业能力的分析，培养学生形成创业能力应主要通过以下途径：

（一）培养创业意识

创业意识对创业能力的培养和创业实践起着积极的作用。创业意识不是一时兴起，也不可能一步登天。它是创业的人在实践活动中不断培养、积累和升华的结果。首先，它是创业活动的初始激励和动机。在这一过程中，外部教育和客观社会需求起着主导和决定性的作用。其次，将创业需求转化为创业动机是一种参与并获得最佳结果的心理动机。最后，创业理想的确立是培养创业意识的标志。有了创业意识，就会形成坚定的创业信念，以促进大学生提高创业能力，积极参与企业实践。创业意识越强，效果越明显。

（二）培养良好的创业心理品质

心理学研究表明，非智力因素和情商因素在个人活动中起着决定性的作用。在培养创业能力时，要注意充分发挥商业心理学的优势，扫除商业心理学的障碍。相关调查发现，独立性、胆识性、坚持性、自控力、适应性、合作性六个因素对创业能力的形成起着积极的调节作用，意志力是影响创业心理素质的关键因素。要克服的心理障碍有三种，即依赖、自卑和退缩等人格障碍，抑郁和过度焦虑等情绪障碍，对成功的担忧等行动障碍。

大量的案例研究发现，心理抵抗力起着重要的作用。企业家的成功率与心理抵抗力呈正相关。心理抵抗力越强，成功率越高，反之亦然。总之，大学生要想培养良好的创业心理素质，就需要把创业作为一种生活态度，把创业作为一种方式，从不同的角度观察世界。

（三）构筑网络化创业知识结构

个人创业基本素质的重要组成部分就是知识本身，所以构筑网络化创业知识结构对个人创业是十分关键的。美国管理学权威彼得·德鲁克认为，“在现代经济学中，知识正成为实体资本的重要补充”，这也在一定程度上反映了信息时代现代知识经济的特点。这些也客观地成为个体掌握知识的压力，但同时也是动力。传统的单一知识结构已经不能适应日益发展的、越来越复杂的现代社会经济的要求。个人只有在网络中建立广泛的、跨领域的知识结构，才能形成强大的创业能力，走上成功之路。

作为一名创业人员，必须具备与自身准备创业的方向相关的专业知识，以及企业管理知识和综合知识。在日益复杂的社会关系中，包容性社会知识在创业者素质当中的作用越来越明显。

（四）通过创业活动形成创业能力

无论你是在系统地培养创业意识、创业心理素质，还是在系统地构建管理知识网络，你都必须要开始一项创业活动才能彰显真正的创业能力，因此创业实践是整合创业能力的前提。但是，在我国传统教育中，学生在学校的活动并不是一种商业活动，因此必须重视在教育中创造适合学生创业的各种条件，使学生能够直接参与社会实践活动，积极走向社会，到生产第一线，并在实践活动中产生创业意识，同时培养创业者心理品质，调整和丰富知识结构，大力培养才干，从而形成真正的创业能力。为了使学校里学生的学习过程也成为学生创业实践的演练过程，学校应该有针对性地根据培养创业能力的需要来设计教学内容和教学活动，尤其是可以多举办一些创业实践活动，对大学生形成创业能力有很大的帮助。

第二节 创业素质评估

一、创业者的必备素质

（一）身体素质

身体素质指的是人拥有的健康的身体，充沛的体力，旺盛的精力和敏捷的思维。现代小型企业的创立和管理是艰难而复杂的，如果创始人没有一个好身体，长时间面对大量的工作和巨大的压力，肯定会力不从心，也就无力承担开办企业的重任。例如：为了在约定的时间内交货，面对顾客未敢有分秒延迟，不得不加班；公司准备关门了，顾客还在场，不能催客人离场，必须让客人走后才能打烊；为了招揽更多生意，经常起早摸黑，延长开店时间；为了接洽生意，不顾舟车劳顿。这些都不同程度地加大了工作强度，若身体素质不过硬的话，难以胜任。

（二）心理素质

心理素质指的是创业者的心理条件，包括自我意识、性格、气质、情感等心理构成要素。创业者随时都可能面对挫折和压力，所以必须有很强的承压能力。开门没生意、进货缺资金、合伙人意见不统一、员工工作不到位、同行恶意诋毁等，都可能令人产生无形的压力。如果没有过硬的心理素质，平时喜欢钻牛角尖，由于自己过度焦虑，不能静心，夜不能眠，无精打采，必然会给工作带来不利影响，甚至出现恶性循环，造成创业失败。

（三）知识素质

创业者的知识素质在公司成立中起着重要作用。为了创造性地思考并做出正确的决定，创业者最好知识广博，一专多能。具体来说，创业者的知识素质应该包括专业技术知识、经营管理知识和综合性知识三类。掌握专业技术知识，能够形成自己企业的核心竞争力；掌握经营管理知识，能加强对人事、财务、生产、营销等方面的管理，有助于提高工作效率；掌握综合性知识，能够开阔视野，积极创新。

当然，这并不意味着创业者必须充分具备这些素质，而是创业者本身要具有不断提高自身素质的意识和行动，而提高自身素质的途径主要是学习。要想成为一个成功的企业家首先要做一个终身学习者。

二、创业者应具备的要素

创业之路并非一帆风顺的，而是充满困难和挑战的，大学生在确定创业实践之前应具备以下几个要素。

（一）心理方面

商场如战场，有赢也会有输，创业者不仅要做好吃苦的准备，更要做好失败的心理准备。其实失败并不可怕，可怕的是我们不敢面对失败，不能从失败中总结经验教训。从成长的角度来说，我们不妨把创业当成一种学习，让自己在学习中成长。

首先要自信。要相信自己的选择是正确的，相信自己能成功。因为自信是事业成功的基础，当然自信绝不是盲目地自我感觉良好，而是建立在理性分析基础上的自信。

其次要有吃苦的心理准备。创业意味着付出的更多，要放弃很多休息的时间，放弃陪伴家人、朋友的机会。尤其是在创业初期，可能大事小事都要事必躬亲。当然，一旦公司步入正轨，也有可能比别人更轻松，更自由。

最后要有承受压力和挫折的心理准备。创业过程中，我们可能会面临很多压力，有来自客户方面的，有来自管理方面的等。我们也可能会遇到一些挫折，这些无疑会让我们产生压力感和挫败感，甚至会让人寝食难安。

有时候巨大的压力感和挫败感可能会影响我们的判断和决策，甚至会影响我们的身心健康。所以即便是真的遭遇巨大的挫折，我们也必须记住：人生贵在坚持，只要我们不向困难低头，就没有谁能让我们屈服。其实很多时候人生的低谷也恰恰是人生的转折点。当我们的事业开始渐入佳境，并达到了一定的规模，我们承受压力和挫折的能力就会越来越强。

（二）资金方面

资金是影响创业成功的重要因素之一。无论干什么事业，都需要一定的启动资金，用于购买所需的物品和设备等前期投入，以及公司的日常运作。就算项目很好，做得也很好，可是一旦资金周转不过来，也会陷入巧妇难为无米之炊的窘境，结果不得不以失败告终，这不能不说是一种遗憾。所以，只要项目可行，又有详尽的计划，总可以“借船出海”“借鸡下蛋”。也可以从小投资做起，等有了一定的资金积累后再考虑做大做强，或者采用借贷、承包租赁等办法解决创业资金问题。

但是，创业之前一定要评估一下自己和合作伙伴的财力，自有资金不足，往往会导致创业者利息负担过重，别轻易过度举债经营，否则无法达成预期目标。

（三）项目方面

1. 选择

创业的项目选择是一个方向性的问题，要从了解自身的能力和优势开始。同样的项目，别人做得成功，你未必会成功；别人做不了的，你未必也不行。每个人的优势和兴趣点是不同的，切忌人云亦云、盲目跟风。选择自己了解的行业、与自己的兴趣爱好相关度较高的行业，做起来就会胸有成竹，起码也能得心应手，成功的可能性就会大大增加。

一般来说选择具有赢利潜力同时又适合自己的项目，成功的机会要大得多。建议创业者在选择项目时从以下几个方面入手：

（1）拓宽信息渠道，对一般的创业者来说，应从多渠道搜集信息，包括从客户抱怨中获得原创性的思路。

（2）了解自己的专长和优势，选择的项目与自己过去的从业经验、技能、特长和兴趣爱好越吻合，则越有内在和持久的动力，成功的可能性就越大。

（3）创业项目应有一点创新或者独特的新意。

（4）当项目信息较多难以取舍的时候，不要舍不得丢弃任何一个项目，要建立一套项目筛选机制及评价指标体系，应该理性地选择可以经营几年甚至经营一生的项目。

2. 市场调查和分析

正所谓“知己知彼，百战不殆”，在决定从事任何创业项目之前，都必须非常谨慎地进行市场状况调查和综合分析。这项工作做得精准，实际上你已经成功了一半。那么市场调查应该调查一些什么东西呢？一般情况下，建议调查以下八个方面：

（1）这个行业有多少消费群体？

（2）这个行业有多少公司在竞争？行业前景如何？

（3）谁是这个行业的龙头企业？龙头企业凭什么占据优势？

（4）自己有什么优势？自己的卖点在哪里？

（5）竞争对手的经营模式是什么？能不能复制？

（6）你准备采取怎样的经营模式？有没有在创新方面比竞争对手做得更好？

（7）竞争对手的服务如何？你要如何更好地为客户提供服务？

（8）你的进货渠道是否有优势？货源与价格是否稳定？

做好了市场调查之后，我们再来分析数据，估算发展空间、利润空间、投入资金等要素，对既没有发展空间，也没有利润空间的项目，我们认为根本没有必要去做。

（四）知识方面

决定创业是职业生涯中的一件大事，必须在知识方面做好准备，包括专业方面的知识，也包括管理方面的知识，还包括法律方面的知识。

1. 专业知识和技能

大学生在大学期间，一定要学好基础知识，其中包括数学、英语、计算机以及本专业要求的基础课程。越是基础的知识，它的生命力就越强，辐射面就越广。只有牢牢掌握基础知识才可以受用终身。如果创业的项目和我们所学专业比较一致，还要经历一定的实践锻炼。如果我们的创业项目和所学专业相距甚远，那就一定要补上这方面的知识，即便是看似很简单的小项目，因为隔行如隔山。

2. 经营和管理知识

创业总要涉及人、财、物，那就会涉及合理安排、科学使用的问题。可以说，创业的过程就是经营、管理的过程，创业者必须具备一定的经营管理知识。创业者必须学会带领团队、进货、打开销路、给消费者定位等方面的知识，可以向有经验的人学习，也可以购买订阅一些营销类报刊，从中借鉴别人的经验。

3. 经济和法律知识

市场经济是法治经济，在创业过程中会遇到各种各样的法律问题，所以要提早做准备，《中华人民共和国公司法》《中华人民共和国劳动合同法》《中华人民共和国票据法》《中华人民共和国商标法》等基本法律都要学习，从而学会依法办事。再者来说，市场有风险，我们没办法要求别人都守法经营，但自己得先学会鉴别。这就需要经济和法律知识做基础。在谈业务签合同时，如果不了解相关的经济知识和法律方面的知识，不仅会贻笑大方，更有可能会陷入危机。

（五）人际关系方面

随着社会化分工越来越细，要想生存、要想成功，我们谁都离不开与他人的交流，有效的沟通是连接彼此的桥梁。

创业要涉及方方面面的问题，跟形形色色的人打交道。创业者应该具备恰当处理与外界关系的能力，尤其要争取得到政府部门如工商、税务、公安、质检、银行等部门的支持，同时，在进货、销货、拓展市场、广告宣传等每一个环节都离不开与人打交道。要争取一切可以团结的力量，还包括处理好与客户的关系。有时候，我们身边的亲人、朋友、爱人是否支持我们，很可能是我们能否取得成功的关键因素，所以我们应该想办法去说服他们，让他们支持我们。另外，还得考虑合作伙伴与团队的合作关系，跟我们的亲人和伙伴分享财富，会让我们更快乐。

三、创业素质自我测试

（一）基本素质自测

在创业培训专家看来，创业者的某些心理特点是可以测量的，但毕竟测试只是一种工具，不能作为你是否创业的根本依据，仅作为参考。

创业充满了诱惑，但并非每个人都适合走这条路。假如你有着创业的想法，不妨做做下面的这些题。以下每道题都有 4 个选项：A. 经常；B. 有时；C. 很少；D. 从不。

（1）在需要立刻做出决定时，你有没有想过“再让我考虑一下吧”？

（2）你有没有为自己的优柔寡断找借口说“得慎重，怎能轻易下结论呢”？

（3）你有没有为避免冒犯某个有实力的客户而有意回避一些关键性的问题，甚至有意迎合客户呢？

（4）你有没有在遇到任何紧急任务时都能优先处理日常的琐碎事务呢？

（5）你有没有非得在巨大压力下才肯承担重任？

（6）你有没有无力抵御妨碍你完成重要任务的干扰和危机？

（7）你在决定重要的行动和计划时，常忽视其后果吗？

（8）当你需要做出很可能不得人心的决策时，有没有找借口逃避而不敢面对？

（9）你有没有总是在晚上才发现有要紧的事没办？

（10）你有没有因不愿承担艰巨任务而寻找各种借口？

（11）你有没有常有来不及躲避或预防困难的情形发生？

（12）你总是拐弯抹角地宣布可能得罪他人的决定吗？

（13）你喜欢让别人替你做自己不愿做而又不得不做的事吗？

计分：选 A 得 4 分，选 B 得 3 分，选 C 得 2 分，选 D 得 1 分。

分析：得分 50 分以上，说明你的个人素质与创业者之间还有很大的差距；得分在 40 ～ 49 之间，说明你不是很勤勉，要想不让创业变成一句空话，应彻底改变拖沓、低效率的缺点；得分在 30 ～ 39 之间，说明你在大多数情况下充满自信，但有时犹豫不决，不过没关系，这也是稳重和深思熟虑的表现；得分在 15 ～ 29 之间，说明你是一个高效率的决策者和管理者，有望成为成功的创业者。

下面的测试题可以帮助你检测是否具有企业家所应具备的气质。这些问题并不是你未来成功与否的标准，不过它也许可以告诉你应该从何处入手以及你需要进一步提高的方面。请对问题做出肯定或否定的回答，将“是”或“否”填入题目后的小括号中。

（1）你父母有过创业的经历吗？（ ）

（2）在学校时，你学习成绩好吗？（ ）

（3）在学校时，你喜欢参加群体活动，如各协会的活动或集体运动项目吗？（ ）

（4）少年时代，你有没有更愿意一个人待着？（ ）

（5）你有没有参加过学校工作人员的竞选或是自己做生意，如卖柠檬水或者出售贺卡？（ ）

（6）你小时候是一个很倔强的人吗？（ ）

（7）少年时代，你是一个谨慎的人吗？（ ）

（8）小时候你有没有很勇敢而且富有冒险精神的经历？（ ）

（9）你是否很在乎别人的意见？（ ）

（10）你认为改变固定的日常生活模式是否是你开创自己的生意的一个动机？（ ）

（11）也许你很喜欢工作，但是你有没有愿意晚上也工作？（ ）

（12）你是否愿意随工作要求而延长工作时间，可以为完成一项工作而只睡一会儿甚至根本不睡？（ ）

（13）在你成功完成一项工作之后，你是否会马上开始另一项工作？（ ）

（14）你是否愿意用你的积蓄开创自己的生意？（ ）

（15）你是否愿意向别人借东西？（ ）

（16）如果你的创业失败了，你是否会立即开始另一个？（ ）

（17）如果你创业失败了，你是否会立即开始找一个有固定工资的工作？（ ）

（18）你是否认为做一个企业家很有风险？（ ）

（19）你有没有写下自己的长期和短期目标？（ ）

（20）你是否认为自己能够以非常职业的态度对待经手的现金？（ ）

（21）你有没有很容易烦躁？（ ）

（22）你有没有很乐观？（ ）

评分标准见表 3-2-1 所示。

表 3-2-1 评分标准

题号	是	否	题号	是	否
1	1	−1	12	4	0
2	−4	4	13	2	−2
3	−1	1	14	2	−2
4	1	−1	15	2	−2
5	2	−2	16	4	−4
6	1	−1	17	−1	0
7	−4	4	18	−2	2
8	4	0	19	1	−1
9	−1	1	20	2	−2
10	2	−2	21	2	−2
11	2	−6	22	2	−2

测试结果：

＞35 分 —— 绝对合适。得 35 分以上的人士是很适合创业的，可以积极尝试。

15 ～ 34 分 —— 非常合适。如果得分在 15 分以上（包含 15 分），那么可以尝试一下。

0 ～ 14 分 —— 很有可能。你的人生其实可以有许多选择，包括选择自己创业或者找份固定工作。你的智商和情商发展均衡，这意味着你在很多选择中可进可退。

-1 ～ -15 分 —— 也许有可能。如果你非要走创业之途，应该说也有属于自己的机会，但首先要克服很多困难，包括环境，也包括你自身的思维方式与性格因素的制约。

-16 ～ -43 分 —— 不合适。

（二）果断性测试

测试说明：

果断性意味着一个人可以区分是非，迅速做出决定并在紧急情况下执行。该决定的特征是正确理解，快速决策和采取果敢行动，并以认真考虑情况为前提。这个决定不是面对选择或突然变化时的犹豫不决和瞻前顾后，也不是轻率和立即采取行动。这不是拒绝别人的建议和主观任意性。成功者是一个决策者、战略家。你的果断性如何，与你是否适合创业有着直接的关系。下面的测试题可帮助你进一步了解你是否具备果断性的基本素质。请对问题做出肯定或否定的回答，将“是”或“否”填入题目后的小括号中。

测试题：

（1）你能在旧的工作岗位上轻而易举地适应与过去的习惯迥然不同的新规定、新方法吗？（ ）

（2）你进入一个新的单位，能够很快适应这一新的集体吗？（ ）

（3）你要为家里购买一架风扇，发现风扇造型、档次、功效的种类极丰富，远不是当初想象得那么简单。你会不会走遍全市所有商店才决定要买哪种？（ ）

（4）若熟人为你在其他单位提供一个薪俸更加优厚的职位，你会毫不犹豫地答应前往吗？（ ）

（5）如果做错了事，你有没有打算一口否认自己的过失，并寻找适当的借口为自己开脱的时候？（ ）

（6）日常生活中，如果要拒绝某件事，你能否直率地说出你的真实动机，而不虚构一些理由来掩饰？（ ）

（7）在讨论会上，经过一番切实的辩论和考虑，你能否改变自己以前对这个问题的见解？（ ）

（8）你履行公务或受人之托阅读一部他人作品，作品主题正确，可你对写作风格不是很欣赏。那么，你是否会修改这部作品，并坚持按自己的想法对它来个大幅度修改？（ ）

（9）你在商店橱窗里看到一件十分中意的东西，它对你并非必需，你会买下来吗？（ ）

（10）如果一位很有权威的人士对你提出劝告，你会改变自己的决定吗？（ ）

（11）你总是预先设计好度假的计划，而不是“即兴发挥”吗？（ ）

（12）对自己许下的诺言，你有没有一贯恪守？（ ）

（13）假如你了解到在某件事上上司与你的观点截然相反，你还能直抒己见吗？（ ）

（14）今天是校友会踏青的日子，你打扮得潇洒利落。但天气似乎要变，带雨具又难免累赘拖沓，你能很轻松地马上做出决定吗？（ ）

（15）你花费了很多时间、精力做出一个设计方案，按说也不错，可总觉得非最佳方案。你是否会请求暂缓提交，再仔细斟酌一下呢？（ ）

评分标准见表 3-2-2 所示。

表 3-2-2 评分标准

题号	是	否	题号	是	否
（1）	3	0	9	0	2
（2）	4	0	10	0	3
（3）	0	3	11	1	0
（4）	2	0	12	3	0
（5）	0	4	13	3	0
（6）	2	0	14	2	0
（7）	3	0	15	0	3
（8）	2	0			

A 型：0 ～ 12 分；B 型：13 ～ 24 分；C 型：25 ～ 36 分；D 型：37 分以上。

诊断结果：

A 型——优柔寡断

任何需要做决定的事对你来说都是一件困难的事。在爽快地做出决定之前，你一定会反复咨询你的朋友。如果有人为你做出所有决定，你将十分感激他们，你很难让人觉得值得依靠和信赖，和你一起工作或生活会让人感到疲倦。但是你不必绝望，尝试在日常事务中“冒险”，随着时间的推移，这种情况会逐渐好转。

B 型——小心审慎

在需要紧急决断的事上，你是当机立断的。但是一旦做决定的时间较为充裕，你便会变得犹犹豫豫，思前想后。于是，你就希望依靠别人，或者和朋友商量，或者去征求师长、上级的“同意”。其实你的决断能力是很不错的，试着相信自己的头脑和经验，可以听取别人的意见，但还是要自己做决定。

C 型——相当果断

你的逻辑判断力很强，且经验丰富，所以面对抉择，你能迅速做出合理的决定，虽然有时会有失误，但是你只要发现就能立刻做出补救；你不经常询问他人意见，但从不排斥别人的建议；你一下定决心，通常会坚持到底，但不会为维护脸面而坚持错误，你具备成功者的良好素质。如果能在一些自己不在行的方面多请教别人，会使你减少由失误造成的损失。

D 型——极其果断

你不曾体验过犹豫的滋味。如果辅以开阔的眼界及合理的知识结构，你会是大集团强有力决策人的合适人选。

（三）人际沟通能力测试

测试说明：

善于交谈的人，能够左右逢源；不善于表达的人，总是很被动。如果你想知道自己与他人的交谈能力，就请进行以下测试。请将你选好的答案代号填入小括号内。

测试题：

（1）你有没有时常避免表达自己的真实感受，因为你认为别人根本不会理解你？（　）

A. 肯定　B. 有时　C. 否定

（2）你有没有觉得自己需要个人的时间、空间，一个人静静地独处才能保持头脑清醒？（　）

A. 肯定　B. 有时　C. 否定

（3）与一大群人或朋友在一起时，你有没有时常感到孤寂或失落？（　）

A. 肯定　B. 有时　C. 否定

（4）当一些你与之交往不深的人对你倾诉他的生平遭遇以求同情时，你有没有觉得厌烦甚至直接表现出这种情绪？（　）

A. 肯定　B. 有时　C. 否定

（5）当有人与你交谈或对你讲解一些事情时，你有没有时常觉得百无聊赖，很难聚精会神地听下去？（　）

A. 肯定　B. 有时　C. 否定

（6）你有没有只会对那些相处长久，认为绝对可靠的朋友才吐露自己的心事和秘密？（　）

A. 肯定　B. 有时　C. 否定

（7）在与一群人交谈时，你有没有发现自己时常驾驭不住自己的思路，常常表现得注意力涣散，不断走神？（ ）

A. 肯定　B. 有时　C. 否定

（8）别人问你一些复杂的事，你有没有时常觉得跟他多谈简直是对牛弹琴？（ ）

A. 肯定　B. 有时　C. 否定

（9）你有没有觉得那些过于喜爱出风头的人是肤浅的和不诚恳的？（ ）

A. 肯定　B. 有时　C. 否定

评分标准：

选 A 记 3 分；选 B 记 2 分；选 C 记 1 分。

诊断结果：

9 ～ 14 分：你很善于与人交谈，因为你是一个爱交际的人。

15 ～ 21 分：你比较喜欢与人交朋友。假如你与对方不太熟，刚开始可能少言寡语，可一旦你们熟起来，你的话匣子就再也关不上了。

22 ～ 27 分：你一般情况下不愿与人交谈，只有在非常必要的情况下，才会与人交谈。你比较喜欢一个人的世界。

（四）压力应变能力测试

测试说明：

压力在我们生活中是无处不在的。压力有大有小，不同的压力有不同的应变方法，你面对不同的压力会采取什么措施呢？这儿有几个生活中的特殊事例，看看你是如何应付的。本组试题测试你的压力应变技巧。

测试题：

（1）瓦里斯太太常常勉强自己，宁愿自己过冷清的寡妇生活，也要使她的两个女儿得到完美的婚姻，并且一点也不含自私的心理来参与她女儿们的交际。可是很惊奇地发觉她虽然徐娘半老，却成为她女儿情场的劲敌。瓦里斯太太应该（ ）。

A. 将她的女儿软禁在家中，做些烦琐的家务

B. 叫她的女儿鼓起勇气，与她在情场上一决雌雄

C. 继续参加她们的集会，但是减少她的魅力

D. 同她的意中人结婚，跳出这复杂的圈子

E. 告诉那些猎艳的男人们，她并非猎品之一

（2）杰克是一个仁慈的基督教徒，爱好种植果树。有一天，他的爱子很懊丧地告诉他说：一个跟他要好的小学同学因品行不良而屡次被老师申斥。果然，一连数天，那个小孩接连在他的园子里偷了好几次果子，但是杰克知道那个孩子家中很贫困，处境不好。于是杰克（ ）。

A. 将那个小孩捉到警察局里去

B. 等他再来偷时把他捉住，痛打一顿

C. 把这事告诉老师，请他代为解决

D. 设法使他脱离这个糟糕的环境而由杰克出钱来教养他

E. 将这个情形告诉慈善救济会，请他们来救济他的家庭

（3）怀特太太是一个能干的妇人，擅长交际，她现在要招待一位贵宾，这位贵宾对于饮食是很讲究的，并且是怀特先生的上司，这次招待得周到与否，直接关系到她先生的前程。怀特太太应该（ ）。

A. 叫新来的厨子做一桌精美的食物

B. 亲自下厨做几盘精美的好菜

C. 到著名的酒楼去吃一顿

D. 请些有趣的亲友做陪客，再预备些丰盛可口的饭菜

E. 叫一席酒筵

（4）玛丽小姐是一位天生多才多艺且很能干的女郎，事业方面已经积累丰富的经验。可是她专制的未婚夫禁止她歌唱、写作和播音；因为他以为她的歌唱不入调，她写作的思想不健全，她的意识趋于社会主义，所以要她做他的私人秘书。玛丽小姐应该（ ）。

A. 解除婚约

B. 只做一些写作工作

C. 只与歌咏队合唱

D. 只做极普通的播音

E. 接受那个秘书的职位

（5）杰克是一位聪明而情感丰富的未婚男子，对世事不是很感兴趣，但喜欢他一个行为不端的同事的小孩，那位同事暗中非法侵占公司的款项，不过不易找出犯罪的证据。这笔款项现在还有时间追回，可是他同时和他同事的妻子发生恋爱。杰克应该（ ）。

A. 长期诉讼，以便追回已占款项

B. 暴露同事的不法行为，作为将来他妻子同他离婚的理由

C. 以暴露同事的不法行为相要挟，叫他同事与妻子离婚并要他立即辞职

D. 因为爱他同事的小孩起见，放弃对同事妻子的爱

E. 和他同事的妻子和小孩一起私奔

（6）约翰先生素怀大志，但眼下生活比较拮据，很想利用结婚来弄些钱。他有四个对象：海伦每天都要去参加音乐会，陶乐斯很喜欢大家庭制，乔赛斐常要人跟她一同去旅行，琼是一位极活跃的政治领袖，但约翰先生对于旅行、音乐、家庭以及政治都不感兴趣。他应该和（　）。

A. 海伦结婚

B. 陶乐斯结婚

C. 乔赛斐结婚

D. 琼结婚

E. 不与其中任何人结婚

（7）伊莫奇是个早熟而伶俐的女孩，她与慈爱的母亲和思想健全的父亲同住在一个小村子里。她常窃听父母对邻居不满的谈话并加以宣扬。当她母亲知道这位爱女把他们的私语在外边宣扬的时候，应该（　）。

A. 对邻居以幽默的态度解释伊莫奇尚年幼，所言均非事实

B. 对于伊莫奇所宣扬的坏话加以否认

C. 严厉指责伊莫奇使她以后不敢多嘴

D. 与邻居反目

E. 从此以后缩小谈话范围，只谈政治与家常琐事

（8）富翁雷特是福伦制造厂的总经理，为人很保守，知道他的爱女要同一个激进的社会主义者维克多订婚，雷特应该（　）。

A. 叫他私人雇用的打手将维克多毒打一顿

B. 设法纠正维克多的思想

C. 禁止他们结婚

D. 叫他的爱女去周游世界以避免对方的追求

E. 给维克多一个管理工人的要职

（9）雷纳太太是一个肥胖、随和，而且很会打算的妇人，每天早晨都会按时坐公共汽车到办公室。有一天早晨，她迟到了一会儿，当她喘着气赶到公共汽车站时，一辆公共汽车刚巧开走。她应该要（　）。

A. 大声叫喊，叫公共汽车停一停

B. 跟着公共汽车跑过一站，再坐上去

C. 等第二辆公共汽车

D. 奔到街心，跳上那辆公共汽车

E. 坐出租汽车

（10）T 博士是一位有自信心的心理学教授，他的 18 岁的儿子是个情绪容易冲动的青年。有一天夜里这位青年在公路上开汽车，不留神将一个老人碾死了，当时他大声叫喊，狂按喇叭，可是无人答应。他知道这件事并无第二人知道，回家后向父亲请示。T 博士应该（　）。

A. 立即叫警察

B. 请律师想方设法

C. 讳言事实，以缓和儿子的情绪

D. 设法诱导儿子去自首

E. 绝口不谈此事，禁止儿子再开汽车

评分标准：

这是一套有质量、有难度的测试题。读者们必须经过认真思考，切忌草率行事。实际上，本题目测试了两个方面：一是假使你是当事人你会怎么做；二是你答这道题的时候还必须仔细阅读试题，你的答案还必须符合试题中设定的人物的性格特点和习惯等。比如第 2 题，选择 D 便很符合杰克是一个仁慈的基督教徒乐善好施的特点。

诊断结果：

能答对 8 道题以上，证明你的压力应变能力非常棒。答对 4 ～ 7 道题，证明你的压力应变能力尚可。答对 3 道题以下，证明你需要提高你的压力应变能力。

说明：本测试选自《大富翁测试题》。

第三节　创业心态调整

一、创业行为心理准备

（一）需要是创业之源

青年时期是人生的重大转折时期，经历着从依赖到独立、从家庭走向社会、从被父母养育到自己独立生活和承担社会责任的巨大变化。在这一时期自立的需要，即以独立的、具有生存和竞争能力的个体出现在社会大家庭中的愿望占据主导地位。为实现这一愿望，有志青年都渴望找到一个合适的职业，自己养活自己，用自己挣来的钱办自己要办的事。其中有不少青年将创业作为一种选择，因为他们将创业成功作为其自我实现的必然路径。

（二）动机是创业之泉

动机是由需要所激发的。当需要的对象、目标存在时，需要就转化为动机，推动人产生行为，去达到目标。创业活动是创业者全身心都投入的活动。激励源于创业的需要，是一种强有力的心理激励，使创业者进入一种非常活跃的状态，对创业的发展起到非常积极的作用。

一般说来，创业动机会引起几种不同的心理状态。

第一，心理紧张。当创业动机形成以后，引发了积极紧张的心理状态，使得创业者能排除干扰，克服惰性，超水平地发挥出自己的聪明才智。

第二，心理策动。在确定目标之后，就会自觉地向着目标迈进。优秀的创业者，在确定宗旨采取行动之初，大都有着"不到黄河心不死"的决心，这既是对所设定的目标的坚定信念，也是既定目标对创业者的驱使和策动。这样一种状态，往往促使人们百折不挠，排除万难。

第三，心理准备。创业动机形成后，创业的对象、方法、途径和范围等就基本明确，并对创业的过程和可能出现的结果产生主观看法，这就使人们在心理上对将要采取的行动做好准备。这种心理准备也叫作"心理定势"，其对创业活动的进程和趋势影响是很大的，既有有利的方面，也有制约的因素。作为创业者，应该注意到这样的影响，重视经验、知识背景的作用，又要克服"定势"所造成的不利影响。

第四，心理期望。强烈的创业动机伴随着人们对成功的信心。这一信心鼓舞、支配和驱使人们积极有效地行动，使人们表现出鲜明的个性，自然而然地建立起某种信念，给人们以巨大的心理影响。创业活动一旦纳入信念所依托的轨道，就会产生期望效应，迸发出灵感，创造出奇迹。

（三）意志是创业之剑

意志是一个人在认识和改变客观世界的过程中，通过自觉地组织个人的行动，克服困难，坚持到最后，达到一定目的而表现出来的情绪。创业者的创业过程是一个克服困难、确保成功和展现创业者意志的过程。创业是一个漫长而艰难的成长过程，创业者必须有坚强的意志、勇气和胆量，勇敢地向前迈进，勇敢地战斗。可以说，创业行为就是意志行为，创业之路就是意志拼搏之路。创业行为是一种自觉的、有明确目的的行为。意志对创业行为具有发动和制止两个方面的作用，前者使企业家能够识别错误，果断行事，克制自己的情绪和冲动，保持应有的克制，迫使自己排除干预，坚持执行决定，表现出相当的坚定性，并鼓励创业者积极主动地实现目标；后者使创业者能够抑制失落、怨恨等不符合预定目的或不利于实现预定目的的低落情绪。创业意志将驱使创业者克服各种内部的或外部的困难，努力实现创业目标。

二、青年人创业心理弱点

（一）有创业渴望，但惧怕风险

许多青年学生都希望拥有自己的公司、企业，常常为那些成功企业家的事迹而激动，他们常常规划着自己美好的未来。但面对残酷的现实时，许多人害怕承担风险，因而迟迟不敢采取实质性的行动。

（二）急功近利，不愿从小事做起

有的青年学生一想到创业，就联想到那些富豪、大老板，便豪情满怀，信心百倍，急于想通过创业成就一番大事业，想象着自己一举成名，一步登天。由于创业时的这种急功近利心理，他们的目光从一开始就聚集在能否一夜暴富、能否一举成名之上，于是就匆匆忙忙上阵，似乎只要开一个公司就会一蹴而就，而一旦创业失败，就会心灰意冷。其实，许多大企业家都是从开米店、杂货店等做起的，但许多青年学生看不起这些利润微薄的企业，这种心理使他们失去了许多本来可以成功创业的机会。

（三）冲动和盲从的心理

看到一些老乡、校友创业成功之后，许多人容易形成冲动和盲从心理，其表现有以下两个方面：其一，不做周密的市场调查，匆匆投资，匆匆上马，这很可能导致创业失败，投资血本无归；其二，看到别人在一个行业获得了成功，就盲目跟风，盲目模仿，结果往往是“画虎不成反类犬”，导致亏损。

（四）遇到困难，容易退缩

许多青年学生在创业中具有遇到困难就容易退缩的心理，而实际上创业成功是克服了诸多困难、尝了许多苦头之后才结出的“果实”。

（五）小有收获之后，就盲目乐观

有的人在创业初期取得了一点成绩后就盲目乐观。不考虑市场的残酷性，随意扩大业务，增加创业项目，冷落客户，结果不但连最初的成果都赔进去，常常还导致亏本。在创业过程中，要树立长期艰苦奋斗、时刻关注风险、稳扎稳打、步步推进的思想，切不可掉以轻心。

三、创业心理机制建立

（一）产生创业的心理需要

在创业的过程中创业的心理需要是创业的开端，如果没有这种需要出现，就不可能产生后来的创业行为。所以，大学生要加入创业的行列，首先要有创业的心理需要。但是需要必须有一定的强度。就是说，某种需要必须成为个体创业的强烈愿望，还要使迫切需要得到满足。如果需要不迫切，则不足以促使人去进行创业行动以满足这个需要。

（二）形成创业的心理动机

仅有创业的需要还不一定发展为创业的行为，只有创业的需要上升为创业心理动机时，创业行为才能开始。创业动机是指推动个体或群体从事创业实践活动的内部动力。在创业心理动机的驱使下，创业者会把思维集中指向创业的目标，并围绕这个目标动用一切智慧和物质力量排除一切干扰去完成创业目标。创业心理动机使个体的行为维持一段时间，对于行为起着持续激励作用。

（三）培养创业兴趣

兴趣是一个人力求探究和认识某一事物的意识倾向，它与人的情感相联系，创业兴趣是指个体或群体对从事创业实践活动的积极情绪和态度的心理倾向。创业者一旦产生创业的兴趣，就会对创业实践活动予以关注，进而热爱和追求，并由此走上创业实践之路。

创业兴趣以积极的方式影响着主体的创业心理和行为，使人在创业实践活动中感知敏锐、注意力集中、思维活跃，并且影响创业情感和意志。创业的兴趣是在创业需要的基础上产生的，是在创业实践活动中发展的。因此，创业者只有产生创业需要和创业动机之后，才能产生创业兴趣。

创业的兴趣一旦产生，反过来又进一步激发创业者的创业需要。创业兴趣具有指向性、情绪性和动力性等特点。创业兴趣的指向性使创业实践指向具体的创业目标，无具体的创业目标就无所谓创业兴趣。所以大学生要产生创业的兴趣，必须深入创业的具体目标，对创业只是了解表面还没有真正对创业产生兴趣，不会使自己的创业需求和动机得以深入发展。只要创业者对创业目标兴趣浓厚，对正在从事的与创业有关的实践活动很感兴趣，他就不会因为创业艰难而想到退缩、感到乏味，这就是创业兴趣的情绪性对创业者的激励作用。但凡在创业过程中有成效的人，创业的兴趣都非常浓厚，有的甚至达到痴迷的状态。他们对创业过程中的枯燥、艰难都不会感到痛苦，甚至表现出乐趣和享受。

创业兴趣的动力性使其创业兴趣总是对其所从事的创业实践活动起到支持、推动和促进作用。

（四）树立创业理想与信念

创业理想是创业者对未来奋斗目标较为稳定和持久的向往和追求的心理品质。创业信念是指创业者对于创业实践有关的意义形成的较为固定并执着追求的思想和观念。创业理想和信念是创业心理机制的高级阶段。

创业者一旦形成自己的创业理想和信念，就会形成创业的精神支柱，使创业者对其创业理想总是确信无疑，这种信念和确信无疑的态度将使创业者对创业实践充满信心，并保持高度而完整的创业者精神。与企业家精神有关的理想和信念激发了创业者的积极性和主动性，为创业活动的开展积蓄了勇气和能量，为创业精神的建立创造了优势。

第五章　大学生创业项目选定与团队管理

选择一个合适的创业项目，我们的创业就成功了一半。当然好的团队也是创业路上必不可少的助力，从中可以看出创业项目和创业团队对创业者的重要性。本章将就大学生的创业项目选择与团队管理展开具体的论述。

第一节　创业项目的选择

创业项目的选择，需要经过排列组合“运算”后才能得出结果。一个或几个人合作投资，从一家公司变成几家公司联合再投资，都会碰到选择投资项目的问题，如果项目选择失误，将造成投资失败的结果，不可不慎重对待。

一、创业项目选择的原则

一个好的创业项目必然是符合市场需要、业绩好、利润回报高的，深受投资者喜欢。因此，好的创业项目的原则不外乎以下四个方面。

（一）项目市场评估

项目的选择要考虑是否有市场，有多大市场，市场份额能占多少。对创业机会的正式评估主要基于行业环境分析、消费者分析和自身潜力分析。一般来说，行业关注的主要有两个方面，即行业内部的竞争程度和变化的趋势以及行业的生命周期。如果行业竞争激烈、进入壁垒高或处于最后阶段就不太容易成功。寻找市场机会意味着市场还没有得到满足。对企业家来说，客观存在的市场机会不一定等于创业机会。因为创业者必须也同样具有能利用该机会的资源和能力，并且利用该机会足以实现经营目标，否则，即使创业者的公司运行多么成功，也无法得到足够的利润。

（二）项目盈利能力

项目盈利能力是企业在选择项目时应考虑的首要因素，也是风险投资方最感兴趣的问题。因此，研究一个成功项目所能产生的利润和持续的时间是非常必要的。一般的风险资本家对市场前景500万以下的产品是不会考虑的，这反映了盈利能力的重要性。

（三）项目风险评估

创业是机会和风险并存的。风险评估需要考虑多方面：如果提供的产品或服务对客户没有预期的那么有吸引力呢？如果市中心竞争对手的反应比预期的强烈，该怎么办？应该采取什么样的政策来协调这些变化？可能的成本是多少？如果企业家依赖外部投资，他们需要考虑外部资金是否会接受这一变化，如果这一变化低于预期，对其投资者自身的业务造成了影响，投资者是否会选择退出等？

（四）项目应符合投资决策的必要原则

成功的项目一般具有以下四个必要原则，即经济型原则、比较优势原则、产业政策原则和技术选择原则。

经济型原则是指投入和产出是否使企业家满意，以及经济管理是否对项目有利。价格的上升和下降，货币贬值和上升，银行的利率上升和下降，信贷资金的放松和紧缩程度以及国际经济形势都是经济型原则中需要考虑的事情。

比较优势原则主要是关于团队在行业中是否具有竞争力。这是通过分析竞争对手和行业的生命周期来实现的。

产业政策原则是所选项目是否符合相关的国家政策和法律，所选项目是否在国家政策和法律鼓励的范围内。如果项目得到国家的支持，那么即使短期利润不高，也可以选择，只要项目本身的发展前景良好。如果选择的项目受到国家的限制或禁止，则无论预期利润有多高都必须放弃它，受限制的项目通常必须付出高昂的代价。

技术选择原则是指技术支持的程度。技术进步会对公司的产品、服务、市场、供应商、竞争对手、用户、制造过程、营销手段和竞争力产生重大影响。技术的进步可以创造新的市场，创造出许多新的和改进的产品，并改变行业的相对成本和竞争力。技术变革可以减少或消除公司之间的成本壁垒，缩短产品生产周期，并提供强大的竞争力。因此，创新技术是企业家必须始终注意的问题。

二、选定创业项目需要考虑的主要因素

（一）个人兴趣与特长

如果决定创办自己的企业，则必须先问自己一个问题：在这个世界上我想做什么？自身能做什么事情？只有当一个人选择了自己喜欢的东西并且有能力去做时，他才有意识，真诚地将自己献身于这项工作，并无私地工作；才能在遇到困难和挫折之后，不被困难和挫折打倒；才能大胆地朝着自己的目标前进，并尽一切可能的手段实现创业目标。仔细观察一下你周围的成功企业家。你会发现他们正在从事感兴趣并且具有特殊技能的项目，这是创业者成功的基础。

（二）对拟选行业的熟悉程度

选择创业项目不仅要考虑个人的兴趣与特长，还要考虑自己对拟选行业的熟悉程度。

通常情况下创业者需要在熟悉的行业中选择创业项目，以加深对成功的理解。许多经验证明，许多工作所需要的不是天才，而是熟悉。比如，开餐馆、服装店等，只要有深刻的理解，我们就可以用大脑来总结行业经营的规律，进而找到赚钱的秘诀。松下被誉为世界商界之父，他在创业之初选择了一个插座项目，因为他以前做过这一行的学徒，他熟悉这项业务，有特殊的技能。企业家曾宪梓被称为“领带大王”，之所以选择生产领带，是因为他在哥哥的领带厂工作，对领带生产工艺有很好的了解。这样的例子有很多，由此可见，成功的关键是首先选择我们熟悉的行业和项目。

（三）充分的市场调研

选择创业项目，在考虑了个人的兴趣与特长和对拟选项目是否熟悉之后，接下来就要认真调查分析拟选项目是否有市场机会，以及个人是否有能力利用这个市场机会。譬如准备开办服装店经营服装，经过调查发现，很多老年人喜欢穿带大襟的布衫，而当地市场上没有人经营这种服装。也就是说，老年妇女对这种服装的需求尚未得到满足——这就是一个市场机会。

（四）能够承受的风险

创业有风险。为别人工作就是干活、赚钱、吃饭不用担心风险问题，而自己做老板总是面临着亏损和破产的风险。创业过程中有许多不可控因素，投入资本时，没有人能保证永不失败。所以，在选择风险投资之前，无论对自己的项目有多自信，都要考虑“未来最糟糕的情况是什么”。如果发生了最坏的情况，

可以承受吗？如果答案是肯定的，那么只要项目回报预期和自身预想的目标一致，就可以投资。如果答案是否定的，承受不起最坏的情况，那么肯定要拒绝投资，不管项目预期回报有多吸引人。

（五）国家相关政策与法律

选定创业项目必须考虑国家相关政策和法律，其中包括两个方面。一是，拟选定的项目是否属于国家政策和法律禁止或限制的范围。如果属于禁止的项目，无论预期的利润有多高都必须放弃，如果属于限制的项目，一般也应放弃，因为选择这样的项目创业往往要付出高昂的代价，而且没有发展前途。二是，拟选定的项目是否属于国家政策和法律鼓励的范围。如果属于鼓励的项目，即使短期内预期利润不太高，只要项目本身发展前景好也可以选定。

三、选定创业项目的方法与策略

（一）分析市场供求差异，选定创业项目

市场需求多种多样且不断变化，从宏观上看，市场需求总量和供给总量之间总是存在着一定的差距。有时市场供求总量平衡，但结构不平衡，仍然有需求空隙。创业者通过分析供需结构差异，从中发现创业机会并选定创业项目。例如，我国饮料市场的供求状况总体上看是供过于求的。但广东三水酒厂厂长李经纬先生在创业时，就是在这供过于求的市场中通过分析供需结构差异发现了创业机会，开发出运动保健饮料的。他起名为“健力宝”，并一举打开市场，不断发展壮大为今天的健力宝公司。

（二）调查分析人们工作和生活中的困难，选定创业项目

有位企业家说过“别人的困难就是企业成功的机会”。这是很精辟的经验之谈。因为开办企业的直接目的就是要取得盈利。而企业正当合法的盈利只能从为他人提供有益的服务、为他人解决工作和生活中的困难中获得。

创业者只要善于调查分析人们工作和生活中的困难，就不难找到合适的创业项目。譬如，王码电脑公司的创始人王永民先生，就是为解决人们工作中汉字录入速度慢的困难，发明了五笔字型汉字输入软件，一举创业成功的。北大方正公司创始人王选先生为解决印刷行业困难，发明了激光照排系统一举创业成功。

如果说上述创业实例属于高科技项目，一般人创业不易做到的话，那么，有人针对现在城镇中大多为三口之家，夫妻两人上班经常为接送孩子上学和孩

子吃饭的事发愁这一困难，开办托教服务项目，不仅投资少、见效快，而且有生命力，取得了成功；还有人针对城镇双职工上班时间紧，不愿为做饭和厨房清洁多花费时间的现实，开办净菜商店或清洁公司，也获得了成功。

这样的实例不胜枚举，只要创业者能够掌握选定创业项目的基本策略，并能灵活运用这一策略，那么处处有创业项目，时时有创业项目。

（三）分析市场上热销商品背后隐藏的商机，选定创业项目

有不少创业者选择创业项目，往往是看市场上什么商品走俏热销就去经营什么，结果往往是别人赚钱自己赔钱。所以，他们常常怨天尤人，要么埋怨上天太不公道，要么埋怨自己运气不好。其实，市场机会对每个人都是公平的，关键是看是否懂得经营之道。

那么，为什么当看到市场上某种商品走俏热销时，再去经营它往往赔钱呢？因为任何商品都有市场生命周期，所谓商品市场生命周期，是指商品从投放市场到被市场淘汰所经过的时间。它通常分为四个阶段，即投入期、成长期、成熟期、衰退期。当我们看到市场上某种商品走俏热销时，通常情况下，这种商品已经进入成熟期。这时，我们再去经营这种商品，如果是开办生产项目，从投资建厂到购买安装机器设备，从招募培训工人到购买原材料生产出产品投放市场，需要较长的时间。当我们的产品生产出来投放市场时，这种产品往往已经进入了衰退期，所以销售每况愈下，无力回天，最后以赔钱失败而告终。如果是开办商业项目，虽然开业准备所需时间比开办生产项目短一些，但从筹集资金、选择门面到商店装修布置，从办理一系列开业法律手续到进货开业，也需要一定的时间，因此往往是开业经营不长时间，本钱还没有收回，生意就由热转冷了，最后也以赔钱失败而告终。

所以，当我们看到市场上某种商品走俏热销时，千万不要跟俏经营。如果此时我们打算选择创业，正确的做法应是以热销商品为导向，认真分析热销商品背后隐藏的商机，再选定创业项目进行经营。譬如，当看到市场上鸡蛋热销时，要学会分析预测鸡蛋热销背后隐藏的商机就是马上会兴起养鸡热，当养鸡热兴起后，鸡饲料将会供不应求。因此，聪明的创业者，既不去卖鸡蛋也不去养鸡，而是跳过两个阶段去生产鸡饲料。这样当养鸡热兴起后，自然就会财源滚滚。

（四）调查分析市场上现销商品存在的问题，选定创业项目

市场上销售的商品总有一些这样或那样的问题。有的在功能和性能方面不够完善，有的在结构方面不够合理，有的样式呆板，有的产品单一等。创业者

经过调查分析，针对这些商品存在的问题，结合自己的兴趣、特长和熟悉的行业，选择一种有问题的商品进行改进、完善，以此作为创业项目往往成功率很高。

（五）进行市场细分，选定创业项目

一般来说，进行市场细分，选定创业项目的基本程序分为以下几个步骤。

1. 正确选择市场范围

创业者根据自己的兴趣、特长和能力，针对人们在衣、食、住、行、学、美、娱等方面的需求，选择一个方面作为创业方向和市场范围。

2. 选择细分标志，进行市场细分

正确选择细分标志是正确进行市场细分的前提。要正确选择细分标志，必须把握以下三个基本原则。

（1）密切相关原则。

密切相关原则即选择的细分标志应与人们对某种商品的需求特性密切相关。例如，性别、年龄等细分标志与人们对服装的需求密切相关，而与人们对面粉的需求则无相关性等。

（2）显著区别原则。

显著区别原则即选择的细分标志能使细分出的各个子市场对同商品的需求有显著区别。

（3）力求创新原则。

力求创新原则即选择细分标志要有创新精神，力求创新。实践证明，选择有创新性的细分标志往往可以发现有市场机会的子市场，从而出奇制胜。

3. 调查分析，选定创业项目

对市场进行调查分析，从中找出具有市场机会的子市场作为目标市场，并为其设计开发产品或服务作为创业项目。

所谓目标市场，是指在市场细分的基础上，经过评价和筛选所确定的作为企业服务对象的子市场。选择目标市场应把握以下三个条件。

（1）有足够的尚未满足的需求。

作为目标市场的子市场不仅要有尚未满足的需求，而且这种需求的总量要足以实现企业的经营目标。

（2）有一定的购买力。

市场仅有未满足的需求，如果没有购买力或购买力很低，就不可能构成有生命力的现实市场，企业就无法实现其经营目标。

（3）有能力满足其需求。

在细分出的子市场中，常常可以发现有许多有利可圈的子市场，但不一定都能成为本企业的目标市场。只有企业有能力满足其需要的子市场，才能成为本企业的目标市场。

四、项目选择的标准

通过研究成功企业，笔者总结了创业项目的四个标准。

（一）市场前景

市场是评判创业项目好坏的最基本原则，分为三点。

（1）潜在市场和现实市场。一个项目倘若有现实市场当然最好，如果没有现实市场，但有潜在市场，就是所谓的风险投资，也是好项目。现实市场和潜在市场均有是最佳，倘若两个均无，那么这个项目一定会失败。

（2）市场容量。市场容量是客观条件，主观努力是主观条件。客观条件好，主观努力相结合，项目就可以做大，倘若客观条件没有，光凭主观在努力也很难发展，这是很多企业难以生存的原因。

（3）市场容量和市场占有率不用等同。只要市场容量大，即使占有率低一些，企业也可以生存，相反，市场容量不大，即使占有率再大，企业也难有大发展。比如智能手机市场容量是100亿，即使苹果6S只占15%，也有15个亿，而老人手机市场容量只有1亿，即使市场全部占据，也不过是1亿的销售额。

（二）竞争性强

（1）抗复制能力。有一些项目，刚开始效益不错，但是由于项目的复制性高，其他竞争者争相上同一类项目，必然导致恶性竞争，结果必然导致利润下降。虽然没有什么项目是不能被复制的，但创业者选择时也要选择相对抗复制能力高的项目。

（2）项目门槛。一个项目抗复制能力高就说明该项目由一个门槛成为“项目门槛”。例如，某项目需要10亿投资，那么巨大的资金挡住了很多人，这成为资金门槛。再比如代理品牌项目，需要一定资金门槛，产品申请了专利，技术成为一道门槛，从而有效挡住很多跟风竞争者。因此，门槛是创业者应该考虑的一个重要因素。

（三）符合产业政策

符合产业政策是项目成功的一个诀窍，虽然可行性的项目有很多，但是我们不难发现，国家的支持或顺应时代发展的项目能够得到消费者的认可，在市场中往往占有一席之地。

（四）抗风险和风险规避

任何项目都有风险，考察项目要依据“风险第一，收益第二”的原则，对于一个项目，先不去看它可能收益如何，要看它风险的大小，抗风险能力如何，规避风险措施是不是可靠，最大风险是不是超出自己最大的承受能力。总之，创业项目的选择直接决定创业的成败，因此，没有最好的项目，只有最适合的项目。作为初期的创业者，不仅要寻找最好的项目，还要寻找最适合自己的项目，着眼于大局，着眼于受众，既要顺应时代的发展要求，又符合自身发展需求，走持续发展的道路。

第二节　考察和确定创业项目

一、市场调研

（一）市场调研的主要内容

市场调研是运用科学的方法，有目的、有计划地收集、整理、分析有关供求、资源的各种资料。市场调研的内容是指在进行市场调研工作时应该调查的问题和所需收集的资料。

1. 市场前景

当你为自己的新企业做市场调查时，务必涉及以下重要问题：

（1）在未来五年到十年里这家企业有生存空间吗？

（2）这一行业的发展一直稳定吗？

（3）这一行业呈增长趋势吗？

（4）未来有出口潜力吗？

（5）进口产品更便宜而且质量好吗？

（6）这是一家易受消费趋势影响的短线企业吗？

（7）这家企业能从事多种经营吗？

（8）这家企业能提供其他企业无法提供的服务或产品吗？

（9）这是一家季节性的企业吗？

（10）有充足的现金流量以维持足够的存货吗？

（11）这家企业在未来五年会受大变动的影响吗？

（12）我能灵活到足以适应不断地变化吗？

2. 本地市场

绝大多数小企业是服务于当地社区的服务型企业。到你所在的社区巡视一番，收集以下信息：

（1）你所在社区中运作成功的竞争者数量。

（2）你未来的办公场所是否便利。

（3）人们喜欢在哪购物。

（4）何种类型的店铺位于此处。

（5）你的竞争者在当地的报纸上是如何做广告的。

（6）在当地的黄页上列有哪些竞争对手。

3. 产品知识

当你为自己的新企业做市场调研时，务必涉及以下重要问题：

（1）这些产品在市场上很有名气吗？

（2）你知道它们的季节性销售周期吗？

（3）产品会定期升级或改造吗？

（4）你可能会突然陷入存货过时的危机吗？

（5）制造商能提供令人满意的品质保证吗？

（6）备换零件很容易买到吗？

（7）产品的价格有竞争力吗？

（8）产品经过了相关认证（如 ISO 质量体系认证）吗？

（9）产品购买呈上升趋势吗？

（10）你对产品的质量满意吗？

（11）产品能与同类产品相媲美吗？

（12）你知道产品购买者的年龄段吗？

（13）你知道产品的使用寿命吗？

（14）产品会因为技术的变化而过时吗？

4. 竞争分析

竞争是无法改变的事实，因此你的企业需要有制胜的优势。你必须拿出最好的点子，但别忘了问问自己“我希望占领的市场有多大”，尽可能多地了解你的竞争对手及其营销策略。

以下问题有利于你更好地了解竞争对手：

（1）当你踏上他们的地盘，最吸引你的是什么？
（2）他们的库存量有多大？
（3）产品是怎样摆放的？那种陈列方式吸引你的眼球吗？
（4）店里有多少顾客？他们只是看看还是在购买产品？
（5）什么吸引了那些购买产品的顾客？
（6）店里的员工态度友好并能提供帮助吗？
（7）他们的价格与行业价格一致吗？
（8）你的价格与之相比有竞争力吗？
（9）你需要等待很久才能获得帮助吗？
（10）销售人员很健谈吗？
（11）他们愿意与其竞争对手商谈，还是贬损对方呢？
（12）现场可以拿到小册子和印刷品吗？
（13）他们提供特殊服务吗？例如免费送货。
（14）他们愿意即时更换有缺陷的产品吗？
（15）哪些方面还有待改进？在这些方面你将如何改进？
（16）他们的顾客是哪个年龄段的？
（17）他们的退货原则是什么？有什么承诺？
（18）他们提供赊销或信用卡设施吗？
（19）他们使用什么促销手段（如优惠券、传单、免费样品）？

5. 顾客分析

为了能提供最好的产品或服务，可以请准顾客回答以下问题：

（1）你为什么选择这一类企业的产品或服务？
（2）你使用这些产品或服务的频率有多高？
（3）你做出购买决定的关键因素是什么——价格或服务？
（4）你期待什么样的服务？
（5）你期待什么样的售后服务或品质保证？
（6）你愿意为此类产品或服务付多少钱？
（7）你以前听说过这一类型的企业吗？
（8）你的相关信息来自何处？
（9）你会从何处寻找此类企业？
（10）你理想中的企业会为你提供哪些服务？

（二）市场调研的直接方法

1. 询问法

询问法是指调查人员将所要调查的事项通过口头或者书面方式向被调查者询问，以此搜集所需要的信息资料的方法。

（1）访问调查。

访问调查方式的基本做法是：走出去或请进来，并就事先准备好的提纲或调查表当面向被调查者提出问题，请求回答或填写，从中搜集资料、取得数据。这种方法的优点是：能获得比较全面而具体的调查资料；通过相互的对话，可以拓展调查的深度与广度；调查表填写的项目齐全，而且回收率较高。其缺点是：调查力量和费用支出较大；对调查人员的要求较高；调查结果的质量容易受到调查人员主观偏见的影响；被调查者有时会有被质问的感觉，所以有些答案可能不够真实。

（2）电话调查。

电话调查是调查者通过电话向被调查者询问有关调查内容或征询意见的一种调查方法。这种方法的优点是：能迅速地搜集到资料，成本低；被调查者没有调查人员在场时的心理压迫感和为难感，可坦率交谈。其缺点是：被调查者仅限于电话用户，不够全面；难以深入调查，只能问一些简单问题；照片、图表无法利用。

2. 观察法

观察法是指调查人员或机器在被调查者不知不觉中观察并记录其行为的一种调查方法。如要调查女式服装的需求，调查者可到市中心的繁华要道，直接观察行人的衣着式样、颜色、质量等情况。这种调查方法的优点是：可以客观地搜集、记录被调查者的现场情况，结果比较真实可靠。其缺点是：知其然而不知其所以然，只能了解被调查对象活动的结果，而不能观察到产生这种结果的原因，如消费者的购买心理、购买动机、购买偏好等；调查费用较高；观察费时。

3. 实验法

实验法是指通过小规模的试验来了解企业产品在市场的适应情况，取得资料，分析总结市场情况的调查方法。如为掌握市场对某种商品调价后的反应，可先在小范围内进行试验，观察价格提高或降低对商品销售量的影响程度，以及各相关方面的反应，以此作为在大范围内合理调价的依据。实验法应用的范围很广，如了解某种新产品的需求情况，了解改进质量、包装装潢等对销售的影响，都可运用实验法。这种调查方法的优点是：方法科学，通过小规模试验，能够比较准确地看出趋势。其缺点是：实验所需时间较长；费用较高；选择做实验的市场不一定具有典型性；可变因素难以把握；实验的结果也不易比较。

（1）展销调查。

对于花色、品种复杂的产品以及这些产品的新花色、新品种需求情况的调查，可用展销的方式，利用购买数量来计算各种类型产品的选中率；也可在展销中设立评选箱，让购买者和参观者投票评选自己所喜爱的商品，用选票来计算各类产品的需求比例；还可通过看样订货的方式来调查情况。

（2）试销调查。

对于刚刚问世的新商品，可以采取定点试销的方法，了解消费者对新产品的评价，以确定产品的购销策略；也可在试销过程中设立评议箱，了解消费者对新产品的性能、包装、价格、服务等方面的意见和需求，以便及时改进；对某些特殊用途的产品，可以采取定点试用、定期收回的方式，从而获取用户的意见。

（3）对比调查。

促销效果的测定，可以通过小范围的对比试验来进行。比如选定几个销售水平相近的商店分为甲、乙两组，其中甲组销售某一旧包装的产品，乙组在同期销售新包装的同一产品，然后对比取得的资料，调查了解新包装的促销作用。

上述调查方法各有利弊，企业在进行市场调查时，要根据调查的目的、范围和所需要的资料性质，从费用、时间、效果等方面考虑，选用适合的调查方法。

4. 问卷调查法

问卷调查法也称问卷法，是以书面提出问题的方式搜集资料的一种研究方法。研究者将所要研究的问题编制成问题表格，以邮寄方式、当面作答或者追踪访问方式填答，从而了解被测试者对某一现象或问题的看法和意见，所以又称问题表格法。问卷法的运用，关键在于编制问卷、选择被测试者和结果分析。通过问卷调查法收集的数据资料能够科学严谨地预测出市场实际占有率、市场需求及未来走势等信息，能够为创业者提供第一手的参考资料。

（1）调查问卷的构成。

①被调查者的基本情况。被调查者的基本情况是指与调查内容有关的被调查者的一些情况，如姓名、性别、年龄、家庭人口、文化程度、工作单位、职业、所在地区等，列入这些项目，是为了对调查资料进行分类和分析。

②调查内容本身。这是调查问卷最基本的组成部分，是指所需调查内容的具体项目。如对电视机需求的调查，主要内容包括被调查用户现有电视机数量、牌号、规格以及计划购买的要求等项目。

③调查问卷的说明。问卷的开头必须以亲切的口吻请求被调查者给予合作和表示谢意，然后说明问卷的要求、方法、回收时间、注意事项等。

④编号。为了便于把调查资料进行分类归档，对问卷还应加以编号。

（2）设计调查问卷的步骤。

①根据调查的目的和要求，拟定一个调查内容提纲。

②按照调查提纲的要求、调查对象的特点，编写好每个项目、每个提问，力求提问内容符合调查课题的要求。

③按调查问卷各个部分的要求，把上述拟定好的调查命题、指标说明等依次列入表内，设计成一张调查问卷。

④在小范围内将设计好的问卷进行试验，若有问题，可进行必要的修改。

总之，设计调查问卷应从实际出发，根据不同的调查对象、调查内容等来设计。

（3）问卷命题形式。

常见的问卷命题形式有以下几种：

①是非题。问题的答案只有两个，要求被调查者从中选择一个。一般用“是”或“否”，“有”或“无”来回答。

例如：您家有电视机吗？

A. 有（　）；B. 无（　）

②多项选择题。问题的答案有若干个，被调查者可以从中选择一个或几个。

例如：您曾用过什么牌子的牙膏？

A. 高露洁（　）；B. 两面针（　）；C. 黑妹（　）；D. 中华（　）；E. 佳洁士（　）；F. 其他（　）

③自由回答题。问卷上提出的问题可由被调查者自由回答，不受任何约束。

例如：您为什么想购买本品牌的电视机？

④程度评定题。要求被调查者表示自己对某个问题的认识程度。

例如：您是否了解手机的辐射危害？

A. 非常了解（　）；B. 了解一点（　）；c. 完全不懂（　）

⑤顺位题。要求被调查者按照自己的认识程度对表中所列的答案按先后顺序回答。

例如：请根据您的看法按喜爱程度将下列各项从 1 至 6 依次排列，在括号内注上相应号码。

A. 乐声（　）；B. 三洋（　）；c. 日立（　）；D. 东芝（　）；E. 爱华（　）；F. 索尼（　）

（4）问卷设计的注意事项。

问卷设计得好坏与否，直接影响到调查效果。在设计时应注意以下几个问题：

①根据调查的主题，将需要调查的问题全部反映在问卷上，无关的问题不要列入。

②要注意询问语句的措辞和语气。问卷要用亲切的语气询问；要避免提出含糊不清、使人难以理解的问题；避免提出别人不愿回答或难以回答的问题；避免引导性的提问。

③注意问题编排的顺序。开始提出的应是一些简单、易答、有趣的问题，以引起被调查者的兴趣，然后逐步深入地提出所需了解的问题。

（三）市场调研的间接方法

间接调查法是一种案头调查法，主要通过各种信息渠道收集信息资料。

1. 间接调查的渠道

间接调查的渠道分为两个方面，即企业外部渠道和企业内部渠道。

（1）企业外部渠道。

①各种媒体的信息资料，包括电台、电视、报纸、刊物等提供的信息资料。

②图书馆、档案馆等公益机构提供的书刊、文献资料。

③专业信息机构提供的信息资料。

④政府统计部门提供的各类信息资料。

⑤各种交易会、博览会、展销会提供的信息资料。

⑥各类国际组织、商会、外国使馆提供的信息资料。

⑦互联网上各类网站提供的信息资料。

⑧社会中介组织提供的各类信息资料。

（2）企业内部渠道。

①财务会计资料，主要包括会计凭证、账簿、报表等信息资料。

②统计资料，主要包括记录企业经营活动的生产、销售、库存、成本、价格等方面的信息资料。

③档案资料，主要包括企业的文件、会议记录、合同文本、设计图纸、客户档案、人事档案等信息资料。

④企业各个职能部门积累的其他资料。

需要指出的是，企业初创阶段内部现成的信息资料不多，但要着手建立信息资料积累制度。

2. 间接调查的方法

（1）参考文献查找法。

利用有关著作、论文的末尾所开列的参考文献目录，或者是文中提到的某些文献资料，以此为线索追踪，查找有关资料的方法。

（2）检索工具查找法。

利用已有的检索工具查找文献资料的方法，包括手工检索和计算机检索两种。

（3）互联网查找法。

在互联网上通过有关搜索工具查找信息资料的方法。这种方法具有信息量大、更新快、查找速度快等优点，在实践中被广泛采用。

3. 间接调查的方式

（1）订购。通过邮局或直接向信息资料供应方汇款取得资料。

（2）交换。与业务往来方或合作单位互换信息资料。

（3）索取。请求有关单位提供信息资料，如向统计局、档案馆等单位索要一些资料。

（4）借阅。向图书馆、有关单位的资料室借阅资料。

（5）在网上查。在互联网上浏览和下载有关资料。

二、确定创业项目

要创业就要有一定的经营项目，没有经营项目，创业也无从谈起。也许你的创业想法有很多，经营项目也有多个选择，但是你不知道哪个才是最好的选择，那么你可以根据以下几个主要因素来确定创业项目。

（1）创业需要资本的数量（总数、自有资金）。

（2）每年期望达到的企业收入水平。

（3）期望从事的生意类型（批发、零售、服务、工业、制造、教育、研发）。

（4）期望近 3 年的投资回报率。

（5）期望的工作环境（室内／室外、工厂／办公室、单干／团队）。

（6）管理工作量大小。

（7）人际沟通复杂性。

（8）涉及的雇佣人员情况（全职/半职、永久/临时）。

（9）从事业务的社会地位高低。

（10）是否符合自己的个性？能否发挥技能？是否有利于个人事业发展？

（11）生意规模大小。

（12）每周花在该项目的时间（多少时数）。

（13）上下班或者旅行耗在路上的时间。

（14）家庭支持生意的力度。

（15）生意增长的潜力（快/慢）。

（16）期望的客户、市场或者社区规模。

如果有充足的时间（一个月、几个月、半年或一年），则可重复筛选，从而筛选出最佳方案。

第三节　创业团队的组建与管理

拥有一个好的团队对创业企业的发展起着重要的作用，团队精神是帮助创业团队合作的重要支柱。团队合作是一种高度协作的方法。因为我们每个人都不是万能的，没有合作就不能制订项目计划。一个人的成功离不开团队，团队也是由个人组成的。当我们离开个人时，团队就不复存在了。总之，良好的团队精神使我们的合作更加有效。

一、创业团队的界定与意义

（一）工作组、团队与创业团队的区别

在进行创业之前，创业者都会面临如何组建创业团队的问题，毫无疑问，高效的创业团队是企业成功的关键因素，投资者都希望找到诚实、高效、有经验的创业团队进行投资。

创业团队有别于工作组和一般团队。我们平时所说的工作组，只是一群互不依赖，却因为工作的相关性而被集合在一起的人，他们因为工作被安排到了一起。但是实际上独立工作，也就是说，他们的成果只对个人负责。

团队的内涵比工作组丰富，团队一般是由少数有共同责任、共同目的的人组成的，为了达到团队的目标或获得产品高质量的结果，他们各自发挥自己的长处，协同工作，在自己的岗位上卖力。

创业团队不仅涵盖了团队的要素，还要求成员之间通过认知分享、才能互

补、风险共担、合作行动来促进新创企业的逐步发展，创业团队是一个由为达到创业目标而奋斗的人所组成的特殊群体。一个运作良好的高效创业团队都有一些显著特征，这些特征也是判断一个创业团队是否高效的重要因素：

（1）目标清晰，指创业团队是否充分了解所要达到的目标，并深信该目标所包含的重要意义。

（2）技能互补，指创业团队是否有这样一群人，他们具备实现目标所必备的各种技术和能力，而且彼此都有着良好的个人品质，从而能顺利完成任务。

（3）沟通良好，指成员间能否畅通地进行信息交换，成员之间的默契程度是否良好，是否可促使信息迅速、准确地反馈，以及提高决策和处事效率。

（4）相互信赖，指成员间是否相互关心和信任，无论何时何地，无论需要何种支持，他们都能高效率地给予，共同协作，为实现目标而奋斗。

（5）恰当领导，指创业团队的领导是否具备鼓舞团队成员、增强成员自信心、激发成员潜力的能力，能否在恰当的时机给予团队成员恰当的支持和指导，而非一味主观限制团队成员个性的表达。

（6）一致承诺，指团队成员对团队的价值观是否有深刻的认同感，是否把团队目标当作自我目标来实现。

（二）创业团队的重要性

创业团队由两个或两个以上的人组成，他们拥有一定的股份，拥有一家已成立公司的所有权，或者担任高级管理职务，共同承担创建和领导一家新公司的责任。团队创业有助于创业成功和发展新业务。

团队可以提高成员识别、开发和利用机会的能力。结合团队成员的不同知识、经验和技能，团队在识别创业机会时做出更科学合理的评估，更多的是规划发展机会，避免决策失误。团队成员可以做出准确而全面的选择。同时，团队成员广泛的生活接触和内部积累，可以有效获取发展机会所需的资源，增加成功发展机会的可能性。

团队可以提高新公司的运营能力，发挥协同效应，将团队中任何人最具互补性的技能和经验结合起来。这种技能和经验的结合解决了各种挑战，包括创新研发、营销、财务管理、质量控制和客户服务，形成了合作的整体优势。

团队可以提供独特的社会视角来加强组织的管理。通过努力克服障碍，团队成员对彼此建立信任和信心，并激励他们追求超越个性和能力的团队绩效。工作的意义和成员的努力为团队增加了价值，团队的绩效最终成为团队自身的激励因素。

团队有利于营造更轻松愉快的心理环境。团队的良好氛围与团队的业绩是相辅相成的，它能够使团队的成员为了实现团队的目标而一起工作，并且为了团队的业绩成果而充分信任。这种令人满意的心理环境支持，创造了团队的业绩，也因团队的优异业绩而得以延续。

通过之前的论述我们知道，优秀的创业团队是多元化的，他们在角色结构、技能结构、权力结构上应该尽量做到合理。一个优秀的团队，应该有明晰的目标，有良好的沟通，有合适的领导者，而且应该相互信赖。过去诸多的事实告诉我们，团队比个人更具创造性，集体合作的成果大于个人成果，这就是对团队重要性的最好诠释。

这里只对创业团队的重要性做简要论述，下一部分我们在讨论创业团队的优势时大家将会进一步明白团队创业为什么是重要的。

（三）团队创业的优劣势

1. 团队创业的优势

俗话说：“一个好汉三个帮。”几个人齐心协力，整合各自优势，所产生的能量会远远超过个体单独产生的能量。同样的道理，一个由研发、技术、市场、财务、融资等组成的可以进行优势互补的创业团队，是创业成功的法宝。团队创业会带来各方面的优势，至少包括以下几点。

（1）促进优势互补。

不管一个人有多优秀，他都不可能拥有所有的企业管理经验，也不可能在知识、资源、机会、技能等方面拥有同样的比较优势，特别是对于那些初次创业的人来说，往往对市场一无所知。创建一个企业家群体将非常有效地解决这些问题：一个团队中的不同人员将拥有不同的社会资源，拥有不同的知识、能力和经验。有的与客户有关系，有的与政府有关系，有的理论知识丰富，有的社会经验充足，有的有技术，有的内务好，有的擅长外交……这种互补的创业方法将大大加强团队成员之间的协调。总的来说，团队的角色和能力结构更加智能化，团队的知识面更宽，业务成功的概率也随之增加。

（2）减少决策风险。

新公司总是在创业的早期阶段面临挑战，当企业家自己解决这些问题时，不仅花费了大量的精力和时间，而且由于不知道问题所在，解决问题的难度也大大增加，增加企业生存风险。当一个群体创业时，成功或失败就成为群体的原因，只有创业群体的成员能够分享到群体中每个成员的技术和经验，才能提高解决问题的效率。

2. 团队创业的劣势

团队创业虽然有诸多好处，但是在现实生活中我们也发现，组建了自己的创业团队并不一定就能成功，当中的原因可能是经济萧条、竞争恶化、产品定位不合理等。不可否认的是，团队创业并不一定是一种完美的创业模式，在我们看来，至少有以下几点劣势。

（1）思想冲突。

新创企业团队一般都由少数几个人组成，大多数成员都直接参与管理决策，而且因为都是企业的创始人，不论是否有经验，他们在企业中都担任要职，都发表“重要意见”，关于一个问题难免会出现不同的见解，提出不同的方法。

（2）管理冲突。

既是员工又是出资人的双重身份，往往使合伙人成为创业团队最难管理的人群。许多创业团队的成员不能在企业中摆正自己的身份，常常认识不到自己也是企业的员工，也应该遵守企业的规章这一事实。在现实中，很多创业团队成员会自觉或者不自觉地提高自己的地位，越位发号施令，这会导致企业管理成本的增加。

（3）利益冲突。

企业利润会随着企业的壮大而增加，当企业规模壮大后，当初出资谨慎的企业合伙人常常由于原先出资过少而后悔，心态逐渐开始不平衡，工作量不少可分红时却少于别人，容易产生“老板为老板打工”的心态；还有那些掌握核心技术或无形资产，没有出资或出资较少的创业团队成员，当这些知识投入没有被恰当量化成货币时，有的人会产生不平衡的心理。当诸如此类的局面不能被合理化解时，合伙人之争常常会瞬间激化。

（四）创业团队的作用

1. 提高识别机会的能力

创业团队可以充分利用成员的知识、经验和学历背景，为团队创业机会的识别进行更加科学合理的决策，避免决策的失误。同时，团队也可以利用成员的社会联系，有效获得开发机会所需要的资源，增加机会开发成功的可能。

2. 提高企业运作能力

将团队成员的技能和经验组织到一起，可以充分发挥每个人的优势，能帮助团队应对如创新研究开发、市场营销、财务管理、质量管理、客户关系管理等多方面的挑战。

3. 有利于创造良好的心理环境

团队的良好氛围与业绩是相辅相成的，团队成员在为了共同的目标而努力的过程中更容易形成相互信任、相互鼓励的氛围，这种良好的心理环境能够支持团队克服困难、创造更好的业绩。

二、创业团队的成员

（一）团队领导人

1. 含义

团队领导人是全面负责创业项目的领导，负责按照进度、预算和要求完成创业项目。团队领导人应当与创业团队紧密合作，确保执行创业项目所需要的资源能够及时到位。同时，团队领导人还要负责创业项目计划的编制，获取创业项目所需要的工具，建立创业项目质量标准，保持团队成员的技术熟练度，保证创业项目在进度、预算及质量范围内顺利完成。

2. 配置标准

在创业公司里，通常会由创业项目发起人来承担团队领导人的角色，选择团队领导人可参考以下标准。

（1）创业理念。

团队领导人承担着创业项目整体运行的责任，因此其本人对创业项目的认知水平，对未来企业发展走势的判断，对创业企业发展目标的把握都直接影响着企业的生存和发展。因此团队领导人不仅要对创业企业的核心技术、核心产品、核心服务有深入的了解，更要对企业的发展规律，对创业企业的发展目标有清晰、深刻的认识。

（2）领导力。

一个好的团队领导人要能够通过个人影响力赢得团队成员的信任和支持，并提高团队成员的凝聚力。领导力可以包含学习力、决策力、组织力、教导力、执行力、感召力等方面的内容。

（3）人际关系。

团队领导人既要能够与团队成员保持良好的沟通与合作关系，同时也要处理好与企业之外的包括供应商、销售商、政府、媒体、公众等众多利益相关体之间的关系。特别是当出现突发事件的时候，团队领导人要有能力去进行危机公关活动。

（二）核心团队成员

1. 含义

核心团队成员负责执行创业项目的各项关键活动，协助团队领导人的工作，并在创业项目预算及进度等约束条件下完成创业项目。核心团队成员主要负责创业项目的关键活动，他们具有的能力可以满足创业项目的广泛需求。

2. 配置标准

核心团队成员的选择是由团队领导人负责的。创业初期，核心团队成员可能在多个创业项目中交叉分配，因此团队领导人不可能把在各个专业方面最出色的成员挑选在一个团队里。因此，团队领导人在选择核心成员时，必须把团队的任务和活动进行适当分类。对于那些关键路径活动、高风险活动和高商业价值额的创业项目，要选择高技术或高水平的专业成员来负责；对于非关键活动的创业项目，可以由相同专业的但经验和能力稍欠缺的成员负责，而对于那些非核心活动的创业项目则可以考虑外包。

一般而言，核心团队成员的配置可以考虑的标准包括团队意识、责任感、工作能力和技能水平、心理素质等。

（三）普通团队成员

1. 含义

在创业团队中，承担非核心业务或技术的创业团队成员就是普通团队成员。有些成员在创业项目中待的时间可能很短，他们掌握的技术只是在创业项目特定的时间内需要，他们适时地参与创业项目，一旦分派的任务完成就要离开团队。

2. 配置标准

普通团队成员对创业团队也具有积极的作用，团队领导人要考虑到这些成员的加入是否能够为团队带来有利的帮助，否则如果盲目扩大团队的规模有可能为初创企业带来不必要的人力成本负担。因此在选择的时候应当考虑的内容包括技术或能力的匹配程度、工作时间的符合程度以及责任心等。

三、创业团队的组建

（一）创业团队的组建原则

民营企业实现良好发展有三个重要前提，即良好的团队和创业文化，优质的资源与制度基础，以及较好的产业机会与组织前景。为了更好地了解我国创业企业经营团队的实际运作情况，中山大学创业中心常务副主任任荣伟博士带领他的团队曾对珠三角地区的109家科技企业创业团队进行了问卷调查，从有效回收的89项问卷的调查结果来看：当初创业团队成员能够聚集在一起共同创业，其缘由是多方面的。在选择“创业团队成员的最重要的聚合因素”一项中，选择“个人志趣具有一致性”“亲情或朋友之间的友情”以及“能够给企业带来关键资源的个体”，三者加总占据总人数的80%以上，而选择“专业技术与管理能力的互补性”“具有好合好散机制”占比只有16.9%。这表明，在业务流程开始时，创建者很少考虑团队结构和制度结构。很明显，企业集团的自然缺席危及进一步合作和进一步发展。研究还表明，创业者联系过程中所考虑的情感因素远远大于人力资源和机会。

任荣伟博士的调查清楚地描述了创业团队成员散伙或离职的主要原因。70%的人认为散伙是因为“合作不愉快、人际关系难处理”“对公司未来发展前景感到渺茫和不确定”，以及“当初建立的信任基础发生动摇”。而选择“对公司分配机制不满意”“报酬不理想”等原因的只有10%。在调查创业团队成员被解职的原因时，选择“与董事会配合协调不一致”“经营理念偏差、行动不一致”的占总调查人数的90%以上。由此可见，创业团队之所以解体，最重要的原因在于“团队合作精神”未能持续，合作的信任基础发生了动摇。

人力资源管理的关键是必须有强有力的互助举措。团队是人力资源的核心。“主内”与“主外”的不同人才，耐心的“总管”和具有战略眼光的“领袖”，技术与市场两方面的人才都不可或缺。为此，斗志昂扬的行动——建立一个团队是团队领导者的首要任务。

1. 合伙人原则

一般企业都是招员工，而员工都是在做“工作”。但创业团队需要招的是“合伙人”，因为合伙人做的是事业，一个人只有把工作当作事业才有成功的可能，一个企业只有把员工当作“合伙人”才有机会迅速成长，所以，创业团队要先解决价值分配问题，然后去找自己的“合伙人”。

2. 激情原则

激情是决定一个人能否成功的基础。业务团队需要挑选对参与项目有热情的人，每个人都需要做好准备，在企业创建的时候工作一整天。如果他们对自己的职业没有足够的信心，就难以适应企业的需要，这种消极因素将对企业集团的所有成员产生致命的后果。

3. 团队原则

团队是企业凝聚力的基础，成败不是个体的，成员之间可以分享快乐和悲伤，经营成果可以公开合理地分享。团队中没有个人英雄主义，每个成员都应该为团队的整体价值做出贡献。每个成员都必须优先考虑团队的利益，而不是个人的利益，成员应做到牺牲短期利润来换取长期成功，而不考虑短期工资和福利。

集体主义原则反映了一个共同的概念和愿景。业务流程充满挑战和风险，参与者的个人目标必须与公司的愿景保持一致。企业成员应具有共同的价值观，将个人目标融入组织目标，增强团队凝聚力。

4. 互补原则

建立优势互补的团队是创业成功的关键。“主内”与“主外”的不同人才，耐心的“总管”和具有战略眼光的“领袖”，技术与市场两方面的人才，都不可偏废。企业家主要是寻找团队成员来填补目前的资源缺口，并适当增加成员，以弥合业务目标和现有机会之间的差距。好的业务组往往会在成员之间进行补充，这种互补性可以改善团队成员之间的协作。从人力资源管理的角度看，确保企业集团稳定的关键是建立一个具有比较优势的互补性企业集团。创建团队时，不仅需要考虑彼此之间的关系，而且最重要的是，需要考虑成员的功能或技术互补性。

此外，创业团队还要注意个人的性格与看问题的角度，团队里必须有总能提出建设性意见和不断地发现团队问题的成员，一个都喜欢说好话的组织绝对不可能成为一个优秀的团队。

（二）创业团队的组建方式

现实生活中，创业团队的组成方式是多种多样的，有的是因为团队成员间有共同的志趣，他们都深信某个创意，都萌生创办企业的想法，因而聚在了一起；有的可能是因为过去曾经有过一段珍贵的友谊而产生成立合伙企业的想法；有的是由于有一个熟人先创办一个企业，其他合伙人继而陆续加入。总的来说，我们可以把创业团队的组成方式分成两个大类：一类是核心主导型，另外一类是群体创业型。

1. 核心主导型

创业团队中有一位充当领导角色的核心人物，核心人物从企业创办之前就开始策划创业团队的组成和企业蓝图，通过仔细分析后选择合适的人员加入团队，而这些后来加入的成员通常只是支持者的角色，地位与核心人物有一定的差别。

核心主导型的特点在于企业向心力强，组织结构严密，核心人物个人权力大。这种模式的优点是办事效率高，当有才能的人担任领导者时往往能带动企业迅速发展，但是往往也由于决策程序简单而加大决策风险。当角色成员与核心人物面临意见冲突时，容易造成团队破裂。

2. 群体创业型

创业团队成员往往是亲朋密友的关系，他们就某个想法达成共识后，开始了共同的创业行动。创业开始阶段并没有核心人物，而是根据各自特点自发组织定位，成员间是亲密的合作伙伴的关系。

群体创业型的特点在于企业结构相对松散，由于没有明显的核心，团队容易形成多头领导，决策效率偏低。但是正因为决策是通过大量沟通讨论后的结果，所以决策的可行性强，同时创始人之间地位平等，有默契，因而较少出现队员离队的现象。

（三）创业团队的组建结构

所谓创业团队结构，是指创业团队的组成成分及其关系。创业团队结构是创业团队共同协调的基础。

创业团队成员的文化水平差异、知识背景差异、年龄差异等结构特征常常会对企业的绩效产生影响。一个优秀的创业团队，成员间的分工必须明晰完整，必须包括技术、营销、公关、生产、市场、融资等各方面的人才。需要有领导者，同时还必须有技术专家、赞助商、市场顾问等各种角色。只有拥有多方面的人才，才能形成优势互补，这样的企业才具有发展的前景。创业团队内部的结构是错综复杂的，但是，无论创业团队成员之间是何种关系，他们在团队中都有固定的角色、特定的能力和权力，因此，角色结构、技能结构和权力结构经常成为观察创业团队结构的基本视角。

1. 角色结构

角色结构，是指创业成员在企业内部进行不同分工，担任小角色所呈现的结构形式。许多学者的研究表明，团队创业的效果要远远优于单独创业。美国20世纪60年代快速成长的企业中有83.3%都是属于团队创业的形态，因此我们可以得知，具有完整角色结构的创业团队将表现得更加高效。明确的角色分工对企业有深刻的意义，而那些角色模糊、角色错位的团队往往会对新创企业的长久发展形成阻碍。

2. 技能结构

技能结构，指的是创业团队中不同成员拥有的不同能力结构。一个分工明晰、技能结构完整的企业应包括市场、生产、物流和技术等各方面的人才。技能结构的完备对控制企业成本至关重要，某一方面技能人才缺失所导致的直接后果是企业生产成本的加大。

3. 权力结构

权力结构，指的是如何在团队成员当中合理分配决策权力。领导者在创业团队中处于核心地位，新创企业很多时候依赖领导者的及时决策，因此创业领导者的权力大于一般成员也是合理的。这说明企业的权力分配不是一味“兼顾公平”，而是要与他们的角色和能力相一致。权力是否合理分配，同样会影响到团队的业绩。

角色结构、技能结构、权力结构是创业团队结构的三个重要维度，只有在角色结构上具有充分性、完整性、明确性，在技能结构上具有互补性、完整性、对称性，在权力结构上做到匹配性，才能使企业绩效得到有力提升。

（四）创业团队组建常见的误区

随着市场竞争的日益激烈，现代企业更加强调发挥团队精神，但在团队建设过程中，难免会走入误区。常见的误区有：

1. “团队利益高于一切”

团队首先是个集体。基于“群体利益高于一切”这一事实，普遍接受的价值取向是“团队利益高于一切”。过度赞扬和强调“团队合作的最佳效果”可能导致两个问题。一是，对一个集团公司利益的过度关注，破坏了其他集团公司利益和公司整体利益的独特平衡，导致团队和公司之间的价值转移。二是，如果过分强调团队的利益，个人的利益很容易被忽视和践踏。如果强调团队的利益，“团队的名义受到虚假保护，个人利益受到损害”的行为就会出现。如果个人利益作为这个组织的一个组成部分受到长期的损害，甚至被剥夺，他们的积极性和创造性就会受到影响，最终影响整体竞争力和效率，影响团队整体利益。

2. 团队内部不能有竞争

还有一种观点认为，在团队精神方面，团队内部不能有竞争。这种观点是完全错误的。在团队中实施竞争体系有助于打破梯形。起初，团队成员充满激情地工作，但随着时间的推移，你会发现，如果团队中没有竞争，大家干多干少一个样，干好干坏一个样，长此以往不仅会打击积极努力的员工，还会在员工中滋长做一天和尚撞一天钟的想法，这种做法显然对企业的发展是十分不利的。

3. 团队内部皆兄弟

很多公司在组建团队的过程中，认为团队内部皆兄弟，太过严格的命令和纪律妨碍团结。这种错误的观点直接影响了企业制度的建立，或者虽有制度，但是执行不力。完善的纪律和制度是企业顺利开展的保障，执行不力会直接影响到企业的发展。

三国时期诸葛亮挥泪斩马谡的故事就是一个典型的例子。马谡和诸葛亮不管是私底下还是在官场上都是非常要好的朋友，但是马谡失了街亭这一战略要地，犯了军法。最后，诸葛亮依法将马谡斩首，稳定了军心。

四、创业团队的管理

（一）创业团队管理教育

对于在校大学生创业团队而言，如何将他们纳入真正意义上的创业中来，为将来走向社会打下创业基础，是目前学校创业教育中需要引起关注的重要问题。因此在大学生创业团队的建设和管理上，必须对他们进行系统的理论教育，这样才能从真正意义上做到理论和实践的统一。

1. 要加强对创业团队成员的价值观、人生观、道德观的教育和社会责任感的培养

大学生对外界的变化很敏感，有很多因素会对当代大学生的思想状况产生影响。企业集团要加强思想教育，这样可以避免团队成员在创业过程中因为眼前的利益和一些诱惑迷失了方向。培养社会责任感也很重要。社会责任感是人们对社会的一种情感体验。关心社会以及他人的利益，是一个公司的深层内涵和崇高目标，有利于企业团队走上良性循环之路。

2. 要加强对创业团队成员法律意识的培养

随着依法治国的理念越发深入人心，法律在社会生活中将起着更为重要的作用，并成为社会有序健康发展的有力保证。创业自然也要遵循社会法律体系。创业的首要问题是设立企业从事经营活动，这就必须到工商行政管理部门办理登记手续，申领营业执照等。对于《中华人民共和国公司法》《中华人民共和国合伙企业法》《中华人民共和国个人独资企业法》《中华人民共和国合同法》

《中华人民共和国担保法》《中华人民共和国票据法》等法律，以及《中华人民共和国公司登记管理条例》等工商管理法规、规章，作为创业团队成员都必须有所了解。因此，加强对创业团队成员的法制意识培养是必需的，创业教育者的主导作用应充分发挥出来。

3. 要加强对创业团队成员的创新意识和创新精神的培养

通过对企业群体成员的教育和引导，提高企业的创新意识。创新强调创造性思维，没有创新，就没有创业的机会。此外，创业不是一般的游戏或设计，而是需要专业特长，根据市场前景和社会需要开发出独特的具有创新性的成果，这样才能达到真正的创新。

4. 要强化创业团队成员知识体系的建立

以经济管理类大学生创业成员基本素质为例，在帮助他们建立知识体系时主要以金融、商务、法律、市场、营销、管理、财务、税收、企业设立程序和宏观经济政策等知识为主线。此外，还要使他们具备必要的自然科学知识，如商品类别、产品性能、技术性质等。所以，创业能力教育并不独立于正规的学科教育之外，而是内化在学科教学之中，是高校学科人才培养的本质要求。

（二）创业团队管理的内容

通常情况下，对于任何一个企业或组织来说，其团队都必须具备五个基本要素，即目标、定位、职权、计划和人员。这五个要素的紧密结合构成了一个团队的基本框架。根据团队的基本框架可以加强创业团队的管理。

1. 创业团队的目标管理

目标管理是指把团队领导人的工作，由控制下属成员，变成与下属一起设定客观的标准和目标，让他们靠自己的积极性去完成工作。组织根据组织的使命确定一段时间的总体目标，然后再确定等级。这些目标被设定为管理实体的标准，即对每个部门和个人的贡献进行评估和补偿。

任何新的创意企业在设定目标时，都必须切合实际，下属之间必须有充分的沟通和评估。双方的困难和期望也必须变得更加清楚。做到这一点后，下属必须先进行自我评估，提交书面报告，然后依次评估目标的实现情况，确定奖惩，讨论下一步的目标。如果目标没有实现，分析原因，积累经验，保持信任，不批评对方。

2. 创业团队的定位管理

明确战略定位是企业组织设计的蓝图。只有明确了战略定位，企业才能确定其团队的组织规模及组织结构。

3. 创业团队的职权管理

管理过程可以说是一个不断分权、分工、分离的过程。要想实现企业目标，就必须建立一种职权管理关系，做好团队的职责分工。通过制定团队成员的岗位规范，用制度监督团队的日常工作。

4. 创业团队的计划管理

企业如何分配和行使职责和权利、有多少合适的团队成员、团队成员的工作是什么，这些都是必须解决的问题。企业应制订一系列管理计划，设定目标，确定下一步的原则和方法，这些直接关系到整个公司管理的成败。因此，制订企业管理计划是一项非常重要和有意义的任务。

5. 创业团队的人员管理

每个团队都是由不同的人组成的，不同的人有不同的性格，团队成员之间的关系也是影响团队成功的一个因素。重要的是要共同决策，对成员的参与和管理负全责。企业要充分调动团队成员的积极性，使团队成员相互依赖，互相尊重，共同进步。

第四节　团队激励与文化建设

一、创业企业团队激励

群体成员本身也容易产生分裂，稍微弱化群体管理会显著降低群体的有效性。如果没有有效的激励，一个团队或组织将不会持久。有效的激励是长期保持团队精神的关键。为了得到有效的激励，团队成员需要得到合理的“利益补偿”。

利益补偿往往分为两种形式：一种是物质条件，比如金钱、工作环境；另一种是心理收益，比如工作成就感和地位，感受到尊重等。

（一）团队文化的激励

团队文化是群体文化形成的有力手段。在团队建设中，创造了一种高度发展、相互尊重、相互信任、协调公司内外人际关系的群体文化。它揭示了团队领导者、团队成员和整个团队的关系，有助于增强团队凝聚力和竞争力。

团队文化的精髓是强调合作精神，实现共同目标，满足团队成员的个人需求，营造团队愿意工作的氛围。相互信任是营造良好氛围的关键。没有信任，就没有尊重，也就没有相互关心和支持。

（二）经济利益的激励

整个企业的所有权清晰而灵活。对于企业成员来说，期权是以现金形式呈现的传统短期经济刺激与反映人才价值的长期经济刺激相结合的结果。这可以作为财政奖励的一个关键因素加以实施。

所有可选的激励工具都包含对利益相关者激励的时间限制，这种方法可以持续有效地激励团队成员，起到稳定团队的作用。一些个人奖励特别是浮动奖励，是与团队工作结果有机结合的。同时，每年的固定奖励调整也可以考虑到团队的个人表现。

（三）权力与职位的激励

通常，创业者具有极强的进取精神，创业团队又通常是高知群体。他们不仅仅为追求经济利益而进行创业活动，也为了得到成就感以及权力和地位上的满足。戴维·麦克利兰在其《成就激励论》中指出，在人的基本需要得到满足的情况下，人们还有权力需要、友谊需要和成就需要。对于具有成就和权力需要的人来说，从成就和权力中得到的激励远远超过物质激励。

二、创业企业文化建设

（一）创业企业文化的内涵和作用

创业文化是指与创业有关的社会意识形态、文化氛围，其中包括人们在追求财富、创造价值、促进生产力发展的过程中所形成的思想观念、价值体系和心理意识。与一般的商业文化一样，创业文化有两个主要功能，即外部适应和内部整合。外部适应强调对外部和环境关系的积极反应，内部整合强调在企业内部形成共同的愿景，员工之间分享价值。企业文化具有以下三个作用。

1. 导向作用

企业文化体现了企业的共同价值观和共同利益。企业的每一个成员都有一种无形的强烈动机。企业文化为企业设定方向，为企业活动设定目标，指导企业员工实现既定的发展目标。

2. 凝聚作用

企业文化增强了企业的关联性，将企业所有人员联系起来。对于一个公司来说，实现共同的目标并为之奋斗是其发展的动力。此时，为了实现公司的目标，公司的员工团结在一个强大的团队里，给了他们巨大的能量。

3. 规范作用

企业在经营活动初期面临着制度薄弱、制度缺陷等问题。拥有企业文化的公司，员工知道他们能做什么和不能做什么。企业文化让员工形成心理认同，逐步建立自我意识，从而真正实现调控目标。

（二）创业企业文化建设措施

企业文化对企业绩效以及企业发展具有重要影响。在创业企业文化形成过程中，创业团队发挥着关键作用。因此，创业团队是创业企业文化建设的出发点。具体而言，创业企业可以采取如下措施，推动创业企业文化建设进而促进企业快速成长。

1. 构建科学的创业团队，有助于创业团队效率的提高

创建一个统一、高效、有活力的创业群体是形成创业文化的前提。组建一个创业团队并不是一种标准化的方法，但与最好的企业家建立伙伴关系绝对是一个挑战。

在商业实践中，大多数人都会选择与自己有相似经验的人，这往往会导致资源重复。基于互补性而不是相似性来创建企业通常是一种更有效的策略，可以显著提高企业的效率。

2. 有效管理创业团队冲突，形成优秀创业团队文化

创业团队文化是创业文化的核心，一个优秀创业群体是形成良好创业文化的基础。在创业初期，企业成员不稳定，经验和环境的差异导致了价值观和行为的差异，企业成员之间存在着很大的冲突，我们必须学会接受和拒绝一些事情。创业团队应有效地管理冲突，并与企业团队成员的个人价值观相结合，最终建立起一种促进知识共享、集体创新、风险分担和协作的创业团队文化。

3. 强力贯彻创业团队文化，促进创业企业文化形成和发展

在很多情况下，很难取得好的效果，只有短期的打击，因为建设企业文化必须是企业长期的行动，才能真正影响员工的思想。创业团队的文化体现了企业成员的共同价值观和行为准则。因此，企业应强力贯彻创业团队文化，促进创业企业文化的形成和发展。

第六章　大学生创业风险评估与规避

企业在经营的过程中无时无刻不面临着瞬息万变的市场，在激烈的市场竞争面前，创业者往往是不进则退，直面风险。学会识别风险，化解风险、直面危机，只有理性处理危机，才可能在商场中越战越勇，闯出属于自己的一片天地。本章将从创业风险概述、创业各阶段的风险、创业机会与创业风险的识别和创业风险的规避与防范措施四个方面对大学生创业风险评估与规避进行论述。

第一节　创业风险概述

一、创业风险的概念

（一）风险与创业风险

一提起风险，很多人马上和失败、亏损联系在一起。其实，这是不全面甚至是错误的看法。对于风险的理解，一般有两个角度，一个角度强调风险表现为结果的不确定性，另一个角度则强调风险表现为损失的不确定性。前者属于广义上的风险，说明未来利润多寡的不确定性，可能是获利（正利润）、损失（负利润），或者无损失也无获利（零利润）；后者属于狭义上的风险，只能表现为损失，没有获利的可能性。

中文“风险”一词，相传起源于远古的渔民。渔民出海前都要祈求神灵保佑自己出海时能够风平浪静、满载而归。现代意义上的“风险”一词，已经大大超越了“遇到危险”的狭义概念。无论如何定义风险一词的由来，其基本的核心含义都是“未来结果的不确定性或损失”。如果采取适当的措施使破坏或损失的概率不会出现，或者说利用理性的判断，继而采取及时有效的防范措施，那么风险可能带来机会，由此进一步延伸意义，不仅仅是规避了风险，可能还会带来比例不等的收益，有时风险越大，回报越高、机会越大。因此，如何判断风险、选择风险、规避风险继而运用风险，在风险中寻求机会创造收益，意义更加深远而重大。

创业风险是指企业在创业过程中存在的各种风险。由于创业环境的不确定性，创业机会与创业企业的复杂性，创业者、创业团队与创业投资者的能力和实力的有限性而导致创业活动结果的不确定性，就是创业风险。

（二）创业风险产生的原因

创业风险产生的主要原因有：（1）市场与技术的不确定性；（2）资金操作的错误；（3）同行的强烈竞争；（4）管理团队的意见分歧；（5）业务骨干的流失；（6）资源整合的不均。

二、创业风险的类型

（一）按创业风险产生的原因划分

按风险产生的原因进行划分，创业风险可分为主观创业风险和客观创业风险。

（1）主观创业风险，是指在创业阶段，由于创业者的身体与心理素质等主观方面的因素导致创业失败的可能性。

（2）客观创业风险，是指在创业阶段，由于客观因素导致创业失败的可能性，如市场的变动、政策的变化、竞争对手的出现、创业资金缺乏等。

（二）按创业风险产生的内容划分

按创业风险产生的内容划分，创业风险可分为技术风险、市场风险、政治风险、管理风险、生产风险和经济风险。

（1）技术风险，是指由于技术方面的因素及其变化的不确定性而导致创业失败的可能性。

（2）市场风险，是指由于市场情况的不确定性导致创业者或创业企业损失的可能性。

（3）政治风险，是指由于战争、国际关系变化或有关国家政权更迭、政策改变而导致创业者或企业蒙受损失的可能性。

（4）管理风险，是指因创业企业管理不善产生的风险。

（5）生产风险，是指创业企业提供的产品或服务从小批试制到大批生产的风险。

（6）经济风险，是指由于宏观经济环境发生大幅度变化或调整而使创业者或创业企业蒙受损失的风险。

（三）按创业风险对资金的影响程度划分

按风险对所投入资金即创业投资的影响程度划分，创业风险可分为安全性风险、收益性风险和流动性风险。

创业投资的投资方包括专业投资者与投入自身财产的创业者。

1. 安全性风险

安全性风险指从创业投资的安全性角度来看，不仅预期实际收益有损失的可能，而且专业投资者与创业者自身投入的其他财产也可能蒙受损失，即投资方财产的安全存在危险。

2. 收益性风险

收益性风险指创业投资的投资方的资本和其他财产不会蒙受损失，但预期实际收益有损失的可能性。

3. 流动性风险

流动性风险指投资方的资本、其他财产及预期实际收益不会蒙受损失，但资金有可能不能按期转移或支付，造成资金运营的停滞，使投资方蒙受损失的可能性。

（四）按创业过程划分

按创业过程划分，创业风险可分为机会的识别与评估风险、准备与撰写创业计划风险、确定并获取资源风险和新创企业管理风险。

创业活动须经历一定的过程，一般而言，可将创业过程分为四个阶段：识别与评估机会；准备与撰写创业计划；确定并获取创业资源；新创企业管理。

1. 机会的识别与评估风险

机会的识别与评估风险指在机会的识别与评估过程中，由于各种主客观因素，如信息获取量不足、把握不准确或推理偏误等使创业一开始就面临方向错误的风险。另外，机会风险的存在，即由于创业而放弃了原有的职业所面临的机会成本风险，也是该阶段存在的风险之一。

2. 准备与撰写创业计划风险

准备与撰写创业计划风险指创业计划的准备与撰写过程带来的风险。创业计划往往是创业投资者决定是否投资的依据，因此创业计划是否合适将对具体的创业产生影响。创业计划制订过程中各种不确定性因素与自身能力的限制，也会给创业活动带来风险。

3. 确定并获取资源风险

确定并获取资源风险指由于存在资源缺乏，无法获得所需的关键资源，或即使可获得，但获得的成本较高，从而给创业活动带来一定风险。

4. 新创企业管理风险

新创企业管理风险主要包括管理方式，企业文化的选取与创建，发展战略的制定、组织、技术、营销等各方面的管理中存在的风险。

（五）按创业与市场和技术的关系划分

按创业与市场和技术的关系划分，创业风险可分为改良型风险、杠杆型风险、跨越型风险和激进型风险。

1. 改良型风险

改良型风险指利用现有的市场、现有的技术进行创业所存在的风险。这种创业风险最低，经济回报有限，即风险虽低，但要想生存和发展，获取较高的经济回报也比较困难，一方面会遭遇已有市场竞争者的排斥或进入壁垒的限制，另一方面即便进入，想要占有一定的市场份额非常困难。

2. 杠杆型风险

杠杆型风险指利用新的市场、现有的技术进行创业存在的风险。该风险稍高，对一个全球性公司来说，这种风险往往是地理上的，常见于挖掘未开辟的市场，如彩电行业，利用原有技术进入农村市场。

3. 跨越型风险

跨越型风险指利用现有市场、新的技术进行创业存在的风险。该风险稍高，主要体现在创新技术的应用方面，往往反映了技术的替代，是一种较常见的情况，常见于企业的二次创业，领先一名可获得一定的竞争优势，但模仿者很快就会跟上。

4. 激进型风险

激进型风险指利用新的市场、新的技术进行创业存在的风险。该风险最大，如果市场很大，可能会带来巨大的机会，对于第一个行动者而言，其优势在于竞争风险较低，但是知识产权保护力度很弱，市场需求不确定，确定产品性能有很大的风险。

三、大学生创业风险的特点与成因

（一）大学生创业风险的特点

大学生创业者由于市场经验和创业知识的缺乏，在创业过程中抵御风险的能力还是有限的。大学生创业风险的特点主要体现在以下几个方面。

1. 创业心理准备不足

大学生创业者在创业初期的热情是非常高涨的，但创业更是一项艰苦的劳动。看到成功，也看到失败，这才是真正的市场，也只有这样，才能使年轻的创业者们变得更加理智。

2. 创业培训不到位

大学生创业之初没有接受良好的创业培训，往往是想到哪一步就做哪一步，很难形成创业计划和创业规划，导致创业的盲目性。

3. 创业管理经验不足

大学生创业者刚刚进入市场，管理经验和商业经验都相对匮乏，很难在市场激烈的竞争中立于不败之地。

4. 市场定位不清晰

大学生创业者对诸如目标市场定位与营销手段组合这些重要方面，全然没有概念。创业者没有非常明确的市场营销计划，难以强有力地证明盈利的可能性。

（二）大学生创业风险的成因

现阶段，大学生创业模式已经启动，很多大学生都在努力尝试进行自主创业。综合很多大学生在创业过程中遭遇的风险和经历的失败，大学生创业风险的形成主要有如下原因。

1. 社会经验缺乏

由于长期身处校园，不少大学生掌握的社会资源非常有限，大学生创业者往往敢想敢干，冲劲十足，但明显的短板则是社会经验的缺乏。而企业创建、市场开拓、产品推介等工作都需要调动社会资源，大学生在这方面会感到非常吃力。很多大学生以为有了资金、有了干劲就可以取得创业的胜利，但在创业实践中，会存在很多突发性的情况，如果不对社会做较深刻的调查了解，盲目进行创业，到最后只能是虎头蛇尾，导致创业的失败。

很多大学生创业者眼高手低，既不了解创业的相关政策法规，也没有在相关企业的工作、实践经历，缺乏能力和经验，却对创业的期望值非常高。当创业计划转变为实际操作时，才发现自己根本不具备解决问题的能力，这样的创业无异于纸上谈兵。

2. 实力团队缺乏

在大学生创业过程中，不少大学生的创业团队往往是由几个要好的大学同学（朋友）组成的，同学（朋友）每人出一份钱，一起合伙创业。由于团队缺乏行业经验，加上缺乏明确的分工和定位，创业团队的实力大大下降。同时，每人都出一份钱，团队成员谁也无权约束谁，在公司遇到重大决策时意见无法统一，无核心领导者和决策者。最终，当在创业过程中出现问题的时候就显得六神无主，互相推脱责任。

3. 项目选择太盲目

目前，大学生创业的项目选择往往集中在高科技和成本小、见效快的贸易和服务领域。此外，连锁加盟店也是大学生青睐的创业项目。但是，有的大学生并不了解市场，认为只要是小本经营，或者有创业的资金和积极的心态，做什么都是可以的。这实际上是在盲目选择项目，不知道自己会什么，不知道市场的需求，贸然进行创业，必然会导致失败。

4. 资金筹集渠道单一

资金难筹几乎是每一个大学生创业者都会遇到的难题。多数大学生偏好传统的筹资方式，可能是因为他们对现代筹资方式缺乏了解。虽然国家出台了一系列支持大学生创业的贷款政策，但是由于大学生普遍没有认真了解，很难获得相关贷款，更多的是向父母和亲朋好友借款，完成创业项目。

5. 法律意识淡薄

大学生创业过程中自身是否具备法律意识，是否了解和掌握与其创业相关的法律法规是依法创业的关键，因此大学生创业的法学教育就显得尤为重要。很多大学生由于法律意识淡薄，法律知识匮乏，在创业之初遭遇陷阱和骗局，给自己的创业之路带来很大的障碍。

通过总结大学生在创业过程中的教训，大学生创业者要在知识上武装自己，参加一些必要的创业培训，使自己对创业有一个整体的概念，同时对创业中可能遇到的问题应有一个理性的分析。大学生创业者要做好市场调查和市场研究，一切以市场为导向，分析创业项目的可行性和发展性，避免项目盲目上马。

同时，也要在创业过程中培养自己的抗击打能力，创业失败并不可怕，可怕的是不能总结经验，不能从失败中吸取教训。只有做到全方位把握，才能驾驭创业之舟。

第二节　创业各阶段的风险

一、创业前期的风险

创业前期指打算创业到创业初期这一阶段，俗话说“万事开头难”，做好这一阶段的工作对创业者格外重要。同时，在这一阶段，创业者可能刚接触创业，对于创业风险没有太多的经验，所以多学习他人的经验尤为重要。

（一）临渊羡鱼

古人云“临渊羡鱼，不如退而结网”，意思是站在水边想得到鱼，不如回家去结网，比喻只有愿望而没有相应措施，对事情毫无作用。

汉朝史学家司马迁忍辱负重，历时 13 载，才完成了不朽巨著《史记》。明朝医药学家李时珍为了获得第一手资料，试服有毒草药，因此他撰写的《本草纲目》才得以流传千古。

古往今来，一切成功都是从“苦”中得来的。在创业的初期，创业者应做好吃苦的准备，不要一味羡慕成功创业的人，而应该“收心”，脚踏实地走好每一步。

（二）悲观主义

曾经有科学家专门对一些成功人士做过心理研究，发现成功者都具有以下特点：有积极的人生态度、有赚钱动机、内部冲突很少、勇于为结果承担责任，同时还具备风险控制能力和耐心这两个关键的素质。而失败的人则普遍具有悲观主义倾向。当事情转坏时，失败者总爱责怪别人，遇挫折容易灰心丧气。

在创业过程中必然会出现失望和困难。如果企业家是悲观主义者，那么出现暂时难以解决的问题和失败时他会感到沮丧，不再有最初的激情和野心，他将失去面对现实的勇气。太多的乐观可能使我们失去平静，但太悲观的人也很难取得更大的成功。

（三）方向不明

方向即创业的道路、思路，这是创业活动总体的走向与原则。大学生在创业之前，需要想清楚，自己的创业方向是否清晰。调查发现，创业最困难的事按比例排名分别是：经营方向或投入产业错误、财务周转不灵、找不到客户、与合伙人意见不合、无创新产品、企业无知名度等。

由此可见，创业方向是创业者首先应考虑的要素，如果创业方向错误，则可能事倍功半甚至南辕北辙。

（四）融资

资本是创业必须面对的问题，只有创业者具有足够的实力，才能吸引投资者，融资也才有可能进驻创业公司。所以创业者首先应做好产品，增强产品和企业的竞争力，能让资本市场看到企业的未来，才能获得比较好的估值。

同时创业者在融资时，不能为了融资而融资，因为资本最终要与企业分离，所以从长远来看，选择投资者应当谨慎。如创业者的确有很好的项目，有多项融资可供选择时，可有条件地选择投资者，除了投资的金额，还应考虑对方的经验、资源对企业后期的帮助等。

（五）合伙人选择不慎

企业运营中除了最重要的业务活动之外，还有一项必不可少的关乎成败的因素——合伙人。在创业过程中，创业者除了需要不断学习外，还需要心胸开阔，同时找到真正能屈能伸的高手。与合伙人建立信任感不是一件容易的事，不仅需要充分的交流与时间的累积，更需要的是志同道合，拥有共同的目标和一致的方向。

（六）管理规章制度不健全

健全的公司管理规章制度是一个企业良性运作的基础，它像一套运行中的系统在操控企业这台大型机器的运转。正所谓“没有规矩，不成方圆”。管理规章制度，即“规矩”。公司创业前期可以借鉴同类公司的制度，然后在实际运行过程中进行改良，最后确定适合公司长期发展的管理规章制度。

二、创业中期的风险

创业中失败的原因很多，但归根结底还是在于创业者自身。可能是选择失误，也可能是管理不善，还可能是缺乏市场意识等。每年有数以万计的企业倒闭，但又有更多的企业在成立。调查显示，目前我国注册成立的企业，3 年后依然能够生存下来的只有 32.4%。处在创业过程中的人往往会在不知不觉中进入一些误区。下面将分析创业中期的一些共性风险。

（一）战略性风险

战略性风险指创业者在创业中期的目标、战略、决策带来的风险。

1. 目标游离

俗话说："有志之人立长志，无志之人常立志。"人的精力有限，频繁更换目标使我们无法投入任何一个目标，事实上无论是管理风格还是产品设计都没有绝对正确的选择，只有适合自己的选择。创业者需要坐下来，调整思绪，然后理清目标，告诉自己该干什么、该放弃什么。

2. 业务领域不明

每个企业创业之初都有自己的主业，在创业过程中由于接触的人、事、物增多，诱惑也越来越多，从而可能导致创业者在选择中不断扩充业务领域，造成业务领域不明。如果将业务领域不明形容为一种病，总结起来大概有如下常见的几种。

（1）花心病。

这通常是企业有了一定实力后开始"对外搞活"，不再专注于主业，想再找点能挣钱的项目来做。这种愿望很好，但发展思路可能超越了企业经营能力和企业实力，结果往往以失败告终。

（2）多动症。

企业盲目跟随潮流，经常变换经营目标。比如一家生产白酒的企业，觉得碳酸饮料能挣钱，就生产碳酸饮料。后来发现果汁饮料是未来发展趋势，就改生产柠檬茶，或者生产其他饮料，这并不是产品系列化，反而破坏了企业形象和品牌形象，从而失去了核心竞争力，丢掉了企业辛苦铸就的品牌和形象。

（3）虚胖症。

和花心病相似，企业创业成功后形成多业并举的态势，但主辅业不分，大都是亏本的多，挣钱的少，基本是拆了东墙补西墙，说起产业来如数家珍，其实都是"夹生饭"，亏本买卖。

3. 急功近利

创业之路更像一场马拉松赛跑而不是百米冲刺，前 100 米领先者不一定就能成为全程的优秀者，甚至可能无法跑完全程。在这遥远的征途上，基础的积累将会起到决定性的作用。如果自己感觉先天不足而又已然踏上征程，那就更要格外注意随时给自己补充营养。

事实上，成功的企业家都是从短期利润做起的，有了获取短期利润的经验，才有可能去涉足长期获利的项目。

4. 孤军奋战

现代社会，人与人之间的联系越来越紧密，社会专业化程度越来越高，人与人之间、公司与公司之间的相互依存性也越来越强，现代社会不会有鲁滨孙式的人物，谁也不可能不同任何人发生联系就取得成功。我们需要同客户打交道，需要同政府部门打交道，需要同合作伙伴打交道，而这些事情，不是凭着一个人的努力就可以完成的。

因此我们需要有一个良好的社会关系网络，需要有一个有力的团队。一位学者说过："一个人的成功，只有 15% 来自专业上的技能，另外的 85% 则来自人际关系上的成功。"同事、团队、合作伙伴等各方面的支持与互动，对我们的成功起着非常关键的作用。孤军奋战不但会令我们疲于奔命，也很难使我们取得成功。

创业者在产生创业构想的最初阶段，就要逐渐开始建立这些支持。一开始可能难以建立完全的团队和社会网络，但可以一点点做起，慢慢地扩大自己的联系范围，当这个强有力的团队和网络建立起来之后，再做起事情来，就会如鱼得水，游刃有余。

5. 遇难即退

任何成功的创业者都必须具备坚韧不拔的创业精神，这是成功的必要条件。反观一些失败的创业者，之所以失败正是因为缺乏创业精神。不怕苦，不怕累，不怕失败，勇往直前，不达目的决不罢休，这就是创业精神。任何人做任何事，都不可能一蹴而就，创业尤其如此。

在创业期间，困难和挫折往往是无法预料的，如销路问题、质量问题、管理问题、资金问题、人员问题等。没有创业精神的创业者，在这些困难和挫折面前，会心灰意冷，停滞不前。

（二）管理风险

如果说一个企业最初的成功可能靠产品的新颖度、领导者的个人魅力，那么在企业继续发展的路上，管理之于企业成功将占据越来越大的比重。管理风险也将成为创业路上遇到的重大风险之一。总结起来，管理风险大概有如下两种。

1. 管理人员的选择

管理人员对于一个企业来说，就像一个部件的核心因素，只有核心因素起到作用了，整个部件乃至整台机器才可能良好地运行。管理人员是公司整体管理制度、管理方案的编制者及执行者，企业家选择与自己观念匹配的核心管理人员，其重要程度不亚于生产一种畅销产品。

2. 管理制度的完善

管理制度是公司正常运行的核心，建立一套符合公司文化，适合公司长远发展的管理制度对于公司来说是非常重要的。管理制度一方面重在制定；另一方面重在执行，仅有制度而将其束之高阁，等于空设。在创业初期，可能已制定了制度，在不断发展的创业中期，一是要完善制度，二是要将制度很好地落地实施。

（三）财务风险

财务是一个企业最终建立的落脚点。创业者在企业发展的过程中，应越来越重视财务问题，通过财务数据分析，认识自己业务、管理上的不足，从而调整自己的创业、经营方向。

作为创业者，在财务上面临的风险大概有如下两种。

1. 无财务记账意识

一些个人组建的创业公司，公司领导人并不具备财务记账意识，他们的想法是，自己的公司，自己的钱，多或少、赚或赔都是自己的，如俗话说：肉烂了在锅里。实际上这是一种错误的观念，没有记账，公司领导人就无法了解自己公司的经营状况，对于核心关键点无法直观地了解，对于公司的症结找不到数据支撑。

2. 无成本观念

成本是生产和销售一定种类与数量产品所耗费资源的经济价值。这些消耗用货币计量，就表现为材料费用、折旧费用、工资费用、销售活动费用等。为了管理生产所发生的费用，也应计入成本。成本管理是充分动员和组织企业全体人员，在保证产品质量的前提下，对企业生产经营过程的各个环节进行科学合理的管理，力求以最少生产耗费取得最大的生产成果。由此，树立成本观念，对于控制公司的费用、提高产能、提高公司的核心竞争力有着举足轻重的作用。

三、创业后期的风险

创业成功后，仍然面临各种各样的风险，如果不能正确规避这些风险，不仅会影响到企业的未来发展，也会影响到企业价值的实现。

（一）盲目冒进

当企业初具规模小有成就时，许多企业容易被自己营造的区域性知名度冲昏头脑，趁着手里有一定储蓄，不顾发展实际，盲目开拓超越实力的大市场。此时，如稍有点意外，就可能产生巨大的损失，最终导致前期所有的努力都功亏一篑。

（二）好大喜功

大多数创业者思想开放、个性执着、敢作敢为，这种个性使他们在创业初期较容易获得成功。但随着企业规模的扩大和实力的增强，个人追求财富欲望的膨胀，再加上市场环境的规范化和竞争的激烈化，部分人的追求会有脱离实际的倾向。有一些企业的领导者把追求规模、知名度、市场占有率作为首要目标，而不考虑步步为营、稳中求进。

这种好大喜功的心态，最终不仅会让领导者吃亏，甚至可能使他们一手创建的企业遭受灭顶之灾。一位企业垮掉的老总说过令人深思的几句话："你不该挣的钱别挣，天底下黄金铺地，你不能通吃。这个世界诱惑太多，但能克制欲望的人却不多。"

（三）挥霍浪费

在创业初期，大多数创业者都能做到开源节流，艰苦勤俭，因为当时根本就没有资金供其浪费。可是当创业成功之后，企业有了资源，有了资金，在某些方面多花一些和少花一些影响并不明显，而且有些创业者有了苦尽甘来的感觉，认为终于创业成功可以过好日子了。如果再加上管理混乱没有很好地控制成本和费用，虽然企业的业务在不断地增长，可最终利润却有可能下降。

（四）小富即安

有些创业者在事业小有成功之时就失去了进取心，有了小富即安的思维，不再计划将企业做大做强，不再积极拓展新的业务。就像当年李自成进北京一样，只想坐享辛辛苦苦打下来的江山，而不去考虑如何巩固江山，很快就一败涂地。

小富即安的思维在一定程度上限制了很多企业的发展，它在表现效果上与"盲目冒进"是截然相反的。总体来讲，"小富即安"在企业家身上主要有如下两种表现。

1. 目光短浅

企业经营中追求小目标，排斥新的融资方式与能人的参与，排斥现代营销观念，看不到更为广阔的市场，甚至产生自卑心理，否定发展壮大的可能，不敢与高手竞争，目光狭隘，企业形成“弱不禁风”的体质。

2. 放不开本业

放不开本业就是人们常说的离不开老本行，以前在干什么，以后还想干什么。如一个做食品的企业家，在食品行业混迹几年后，想自己投资做点事情，可他只知道食品能赚钱，只熟悉食品市场，除此之外，不知还有什么行业适合自己。所以仍想投资食品，这就是被老本行束缚了思想和手脚。有很多创业者正是因为走不出自己熟悉的“圈子”，创业时按固有的模式和套路操作，一成不变，导致失败。

（五）缺乏创新

创业的过程就是不断创造与创新的过程，创新是企业的唯一生命主线，失去创新，企业将停滞不前，甚至衰亡。企业得以生存与发展的根本就是能满足人类社会不断增长的物质与精神需要。要做到这一点，企业唯一的依赖是创新。目前市场上那些岌岌可危的企业或已经失败的创业者对此的体会应该更加深刻。

当前，是科学技术日新月异的新时代，在某种意义上，资本力量在创业经营中的重要性已经让位于知识、技术创新，走在时代前列的创新将引导企业走向繁荣。没有创新，企业即便拥有数量庞大的资金，也赶不上时代的潮流，终将成为失败者。

有些企业没有资本，但仍可以依靠创新获得发展。相反，不少企业尽管资本力量雄厚，工厂设备齐全，人员也不少，却因为经营不善和缺乏创新精神而出现亏损。时代的发展把企业经营中资本和创新的重要性颠倒过来了。

（六）管理危机

成功管理的关键不在于解决所有的问题，而在于把注意力集中到企业当前阶段所存在的主要问题上，这样排除障碍，使得企业成长、成熟并壮大起来。创业成功后，企业面临的主要管理问题是管理危机问题，具体表现为低效管理、用人失误、财务混乱、管理失控、创业缺乏动力等。

第三节 创业机会与创业风险的识别

一、创业机会的识别

创业机会识别是创业领域的关键问题之一，它是创业的起点。创业过程就是围绕着机会进行识别、开发及利用的过程。如何正确地识别创业机会是创业者应当具备的重要技能。创业机会以不同形式出现。虽然以前的研究中，焦点多集中在产品的市场机会上，但是在生产要素市场上也存在机会，如新的原材料的发现等。许多好的商业机会并不是突然出现的，而是对于“一个有准备的头脑”的一种“回报”。在机会识别阶段，创业者需要弄清楚机会在哪里和怎样去寻找。同时，为避免造成重大的经济损失和给社会带来不良影响，每个创业者都应花大力气进行风险预防，在风险出现之前，就予以识别，以有效把握各种风险信号及其产生的原因。企业经营者如不能正确、全面地认识企业可能面临的所有潜在损失，就不可能及时发现和预防风险，难以选择最佳处理方法。因此，风险管理的第一步就是要正确、全面地认识可能面临的各种潜在损失。

（一）创业机会与商业机会

创业机会通常与商业机会有关，指的是具有吸引力和有长期创业潜力的商业空间。在这种结构中，创业者可以为他们的客户提供有价值的产品和服务，同时给自己带来好的东西。

一般来说，适合于创业的商业机会至少有三个特点：一是特定的盈利空间可能有一定的成长性，如果没有成长性，创业者今天去创业，过不了多长时间就得关门；二是利用这样的商业机会去创业，起步阶段一般只需要较少的资源；三是利用这样的机会去创业，起步阶段一般对组织模式没有绝对需求，即在组织模式设计上，创业者可以最大限度地发挥想象力和创造力。

（二）创业机会的特征与类型

有的创业者认为自己有很好的想法和点子，对创业充满信心。对创业机会的捕捉是创业者要学会的一门技术，创业者要有灵敏的商业嗅觉，能捕捉到别人看不到的创业机会。蒂蒙斯教授认为，一个创业机会“其特征是具有吸引力、持久性和适时性，并且可以伴随着为购买者或使用者创造或增加使用价值的产品或服务”。

1. 吸引力

创业机会要有吸引力，它不仅要对创业者有吸引力，还必须代表一种顾客渴望的未来状态，对顾客也很有吸引力。所以，创业机会一定是一个有吸引力的创意，这个创意给人以期待。

2. 持久性

把握创业机会的持久性是非常重要的，有的创业机会稍纵即逝，不好把握，即使把握住了，由于不具持久性，获利空间也不大。创业机会必须有一定的时间长度以待创业者去把握。

3. 适时性

创业成功讲究天时、地利、人和，在把握创业机会时，同样要注意对时间的把握。

适当时间内出现的机会才是真正的创业机会。如果把握不好，时过境迁了，就不是创业机会了。蒂蒙斯教授认为，好的商业机会必须在机会之窗存在期间被实施，其中的机会之窗就是指将商业想法推广到市场上去所花的时间。

4. 为客户创造价值

创业最终必须依附于为顾客创造或增加有价值的产品、服务或业务才能进行。如果一项产品或服务不能给顾客带来价值，而是带来麻烦，那么肯定不能构成创业机会。

创业机会的类型从表现上看，可以分为三种：一是隐性的机会，现有的产品种类未能满足或尚未完全为人们意识到的隐而未见的需求，就是潜在的市场机会；二是显性的机会，显性的机会是指在目前的市场上存在着明显的没有被满足的现实需求，这往往是人们共知共识的机会；三是突发的机会，即有时会有一种突发的变化造成一种不平衡，由此而带来新的机会，我们把它叫作突发的机会。

从来源上看，创业机会也可以分为三种：一是问题型机会，指的是由现实中存在的未被解决的问题所产生的一类机会；二是趋势型机会，就是在变化中看到未来的发展方向，预测到将来的潜力和机会；三是组合型机会，就是将现有的两项以上的技术产品、服务等因素组合起来，以实现新的价值而获得的创业机会。

（三）创业机会的来源

当前，创业机会层出不穷，创业机会的出现往往是因为环境的变化、市场的不协调、信息的滞后，或者因为消费者观念的变化，以及各种各样的其他因素的影响。总体来说，创业机会大致有五个来源。

1. 问题

生活中出现的问题或生活中的烦恼就是创业机会。作为创业者在捕捉创业机会的时候，要经常思考人们生活中的种种烦恼形成的原因。创业的根本目的是满足顾客需求，而顾客需求在没有满足之前就是问题，就是烦恼。寻找创业机会的一个重要途径就是善于去发现和体会自己和他人在需求方面的问题或生活中的难处。

2. 变化

创业的机会大都产生于不断变化的市场环境，环境变化了，市场需求、市场结构必然发生变化。著名管理大师彼得·德鲁克将创业者定义为那些能“寻找变化，并积极反应，把它当作机会充分利用起来的人”。这种变化主要来自产业结构的变动、消费结构升级、城市化加速、人口思想观念的变化、政府政策的变化、人口结构的变化、居民收入水平提高、全球化趋势等诸方面。

3. 创造发明

创造发明提供了新产品、新服务，更好地满足顾客需求，同时也带来了创业机会。比如随着电脑的诞生，电脑维修、软件开发、电脑操作的培训、图文制作、信息服务、网上开店等创业机会随之而来，即使我们不发明新的东西，我们也能成为销售和推广新产品的人，从而给我们带来商机。关注新产品，也是关注新商机的一个途径。如果我们比别人早一步进入这个行业，我们创业成功的可能性就比别人大得多。

4. 竞争

在竞争中发现商机，把握创业机会，也是创业者要关注的。如果我们能弥补竞争对手产品或服务的缺陷和不足，这也将成为我们的创业机会。如果我们可以比周围的公司提供更快、更好、更可靠、更便宜的产品与服务，那么，我们就找到了一个新的创业机会。

5. 新知识、新技术的产生

随着社会的不断发展，新知识、新技术层出不穷，作为创业者，不要对新知识、新技术视而不见，要不断关注这方面的信息，也能捕捉到不少创业机会。

（四）影响机会识别的关键因素

并不是所有的潜在创业者在面对同样的创业机会时都能充满信心，要将参与创业活动的愿望、创业能力和企业环境相结合。

1. 创业的愿望是机会识别的前提

创业的愿望是创业者识别和把握市场机会的驱动力。如果没有创业的欲望，再好的创业机会也无意义。

2. 创业能力是机会识别的基础

企业家机会的识别在很大程度上取决于企业家的个人（团队）能力。根据国内外研究和问卷调查，识别创业机会的能力主要包括预见的能力，理解和获取信息、预测技术趋势的能力，模仿创新的能力，建立各种关系的能力，并且能够面对未来的挑战。

3. 企业环境的支持是机会识别的关键

企业环境包括政府政策、社会经济条件、企业家和管理技术、对企业的金融和非金融支持，是创业过程中许多因素的结合。一般来说，如果社会对创业者的失败更宽容，创业氛围就会更强。市场上有公平竞争的环境，可以鼓励更多的人开始创业。

（五）识别创业机会的行为技巧

创业机会的存在是由于技术、产业结构、社会和人口趋势、政治制度的变化。由此可见，获取信息并进行处理是识别创业机会的关键。第一阶段，一般基于市场和行业分析的背景来确定创业机会是否被广泛商业化。第二阶段，即个性化机会识别阶段，主要了解机会对于具体的创业者和投资者有多大的价值。

识别创业机会过程的关键是合理的分析方法。创业者不能单纯靠本能分析，要仔细思考和理解，不能出现决策失误。创业者一旦进入市场，由于市场环境的变化或者竞争公司的经营活动，如果没有进行合理的分析，很快就会出现亏损。因此，在把握创业机会阶段，要进行合理的分析，强调创业者在准备创业阶段要多做研究分析，做好应对实际创业中可能出现的问题的准备。

识别创业机会主要有三种方式。第一，先观察趋势，找到创造机会的规律和最能反映趋势的因素，观察这些趋势的变化，分析现有的方法。第二，进行市场调研。市场调研是指确定产品策略、分析潜在市场规模、收集市场信息。信息对于创业初期的创业者非常重要。第三，收集和调研市场信息，收集必要的信息，寻找机会，为了开拓实际创业的机会，把别人认为是混乱的东西联系起来。

此外，还有一点就是进行市场测试。一个靠预测分析、调查论证得出有价值而且适合自己的机会不一定有顾客，更不敢说能创造出巨大的市场，能开拓一片天地。大公司可以投入资源开展周密的市场调查和策划，因为它们有实力，可以投入资金做广告宣传，可以投入大量的资源推销创意。即使如此，不少大公司在此基础上还是谨慎地开展市场测试。杜邦公司当年开发了一种计划生产皮鞋的皮革——可发姆。公司大规模投产前专门用这种皮革生产了一批鞋让消费者试穿，收集消费者的反馈意见。雀巢咖啡为打开中国市场，选择一些城市向住户投递小袋包装咖啡。肯德基在进入北京市场前也反复免费请广大消费者品尝。创业者经常犯的错误是，自己认为好的，就一厢情愿地断定顾客也应该认为好。古人说，"己所不欲，勿施于人"，然而"己所欲施于人"不一定能奏效，因为创业者面对的是全新且陌生的市场。研究表明，大部分创业者的第一个顾客是家人、同事或亲戚朋友。其他消费者的感受如何，只有通过市场测试。市场测试是把产品或服务拿到真实的市场中进行检验。市场测试与市场调查不完全相同，无论从创业者本人的感受，还是消费者的感受来说都不一样。市场调查得来的只是消费者意向性的资料和信息，市场测试是要体验消费者是否真的愿意消费，总结后得出的信息可能更加准确。

二、创业风险的识别

（一）财务风险是创业者面临的第一风险

1. 初创企业规避财务风险至关重要

从对创业失败的案例研究中我们知道，因为资金短缺而导致创业项目中断或者经营失败的个案占所有失败案例的比重很大，这成为创业难于逾越的第一道难关。

2. 创业者应学会读懂财务报表

许多创业者为企业经营中那令人眼花缭乱的财务报表感到头疼，由于财务知识的不足，导致创业者从心理上对那些数字望而生畏。但是这项工作是每一个企业都无法回避的，因此，我们可以找一个好的财务顾问来帮自己解决这个问题。

3. 创业者决策时要有成本意识

在企业的创建初期，分析市场、具有创新意识都要比具有财务知识更重要，但创业中的成本预算和财务筹划是每一个创业者必须完成的工作，而且，还要认真、谨慎地去完成。

4. 把自己的钱与企业的钱分清

（1）要把企业经营的钱单列一个账户。

创业之初，创业者最容易犯的错误就是把私人的钱和企业的钱混为一谈。我们应该在创业开始的时候，就单独开设一个账户，专门进行企业经营中的资金往来，而不要使用自己的私人账户来处理这些业务。

（2）所有收支都要记账。

有的创业者，把筹集到的创业启动资金当成私人存款，不仅用于购买贵重物品，有时还用来请客吃饭。结果，用不了多久这个资金的运转情况就失去控制，同时自己的经营也会因为用来创业的钱被“不知不觉花掉了”而导致决策失误。

（3）营业收入不等于利润。

还有的经营传统服务业的创业者，把开始经营的收入和自己的钱混在一起。要知道，营业收入的钱并不是你的利润，这里边还有你的经营成本和相关费用，这样做的后果就是你的成本概念不清，无法确定你的纯利润到底是多少，从而导致盲目经营。

（4）严格区分私人账户和企业账户。

研究新创企业的发展规律，可以看出，专门准备一笔创业专项资金，对初次创业的创业者的经营运转非常必要。严格区分私人账户和企业账户，可以减少很多麻烦，不仅可以控制预算的支出，而且在必要时你还可以清楚地向你的创业团队汇报经营收支情况，不至于产生误会。

（5）不要错把贷款当善款。

也有的创业者一旦得到了银行和基金的贷款，就错误地把这些别人借给他经营的钱当成了自己的钱。让风险投资家最头疼的是：贷款到账后，创业者没有用于投资而是先去买了车或房子。

可以同时选择几家银行建立联系。创业者在选择开户行时应该考虑如下因素：

①经营宗旨是不是以顾客为中心的？这家银行的服务是否快速、及时、周到？有没有官僚主义作风？

②这家银行是否有对投资项目的融资机会？他们是否在你的业务范围内（国内、国际）都有办事机构？

③跟你的大客户在一个开户银行，会加快你的资金周转速度。

一般来说，同时跟至少两家银行保持联系。这样创业者既可以客观地比较他们的服务，也可以在遇到资金危机时，多一个可以申请贷款的渠道。

5. 如何规避投资风险

（1）尽量把固定资产投资压到最低。

在创业的最初阶段，把资金的投资范围尽量压缩至最小，可用的设备能租到就先不要购买。因为租赁不仅不会增加贷款压力，还可以提高你的支付能力，你可以用买设备的钱去做其他更重要的事。要知道，固定资产添置越多，投资风险就越大。

创业伊始，需要花钱的地方很多，尤其是一些不确定因素，经常会产生意料之外的费用，因此在估算创业启动资金的时候，除了必要的房租、工资、开办费、办公用品等流动资金外，对于固定资产的投入一定要控制，对于工具设备、车辆、房屋等，租借的成本支出比购买要合算得多，尽量不要去买。如果衡量一个二手设备比租借要合算的话，也可以考虑购买。但是，必须注意添置固定资产的金额在整个创业资金中所占的比例。

（2）场地大小租用应适当，不宜讲排场。

小企业在起步初期，最初的经营场地不宜过大，够用就行。因为在小企业初创期的 1～3 年内，创业失败率是最高的，要把所有的精力、资金全力投入在市场上，才可以保证企业的生存。即便你是高科技的产业，在创业之初毫无管理经验的时候，也不宜开始就讲排场，因为“再高的参天大树也是从一粒种子长起来的”，经验的积累、人脉的构建都是需要时间的。

规避投资风险，先应该尽量减少非生产必需的硬件和固定资产的投入，这样可以减少开办初期的费用。最好是等你感觉企业发展需要继续扩张时，依照企业发展的需要再陆续添置。著名的阿里巴巴集团，最初创业者马云也是从 3 万元起家的；乔布斯的苹果电脑，第一台诞生在自家的车库里。

（3）贷款要还本金 + 利息。

创业者要明确，不论是来自银行的创业前贷款、小企业贷款，还是 YBC 创业种子基金、天使基金等外来贷款，这些都是别人的钱，是用来帮助你创业的，早晚要还，有的甚至还要还利息。

（4）注意还款日期。

创业者必须留意每笔贷款的还款期限，贷款到期前，就应该收回这笔投资，不然到了还贷的日期就无法抽回资金了。最重要的事情就是，不要用那些短期的贷款去购置长期使用的设备。所以创业者要切记：短期贷款最好仅用于经营的短期周转，长期贷款才可以用来购置大型设备和其他必需的工具、车辆等。

（5）资金尽量用在经营上。

创业初期不需要豪华的办公室，除非是业务必需。如果创业项目提供服务，客户会根据办公室的档次来决定取舍，则另当别论。如果办公室的档次并不能有助于提高销售业绩的话，那完全可以用二手家具。因为企业初创期间必须把全部的资金都尽量多地用在扩大经营上，或者用在客户身上以提高服务质量，或者用于产品上以提高产品质量。

要把钱花在刀刃上，用在有助于你拓展业务的方方面面。很多非常成功的企业在创业之初，所有设备和办公设备都是能借就借、能租就租，等到业务稳定了，再逐步改善办公条件。

（6）借新还旧，延长贷款使用期。

最后，还要提醒创业者，真的到了偿还不起贷款的时候，也可以借新还旧。但是，这就需要创业者平时跟融资者保持密切的联系，诚实地汇报企业的经营情况，以取得银行或融资者的信任。建立良好的诚信，对创业会有很大的帮助。

当创业者明白了以上几点现实情况之后，就应该意识到，在企业的成长期，也就是盈利期到来之前，是创业资金大量投入的时期，这个时期应该尽量节约开支，艰苦奋斗，等企业开始盈利以后，才算是正式步入轨道。

每个创业者都应该尽最大努力去增加自筹资金部分，当然，最理想的状态就是完全不依靠外来资金创业。这在以后的创业历程中很重要。在盈利之前，你也许会遇到连续的危机，要提前做好资金储备。

6. 尽量缩短投资回收期

（1）资金周转越快，盈利越多。

经常听到一句俗语：出钱的时候慢点，收钱的时候快点。这句话简单明了地告诉创业者，在经营过程中，尽量少支出、缓支出，以保证银行有足够的现金支持企业的生存。从另一个角度来说，凡是创业者投入的资金，如初期货款、应收账款等，都要尽快收回，缩短资金在外的占用时间。尽快收回资金可以更快地把资金投入下一轮投资中，资金占用的时间越短，风险也就越小。

创业者失败的经验告诉我们，因为缺乏支付能力而导致失败的例子，比因为缺少盈利而导致的破产多很多。尽管很多创业者都不希望出现延期付款的现象，但是往往无法控制。其实这种情况是可以避免的，根源就是预计不足，或者有时只面对一个客户，急于做成某笔生意，没有充分考虑资金的回收问题。

（2）回收期越长，坏账率越高。

创业者必须明白，不仅收不回的资金越拖坏账的概率越高，而且，拖欠期间的机会成本也许远远大于利润。许多企业的危机均是客户的延期支付导致的，所以创业者有必要在开始创业前就补上这一课，提前做好思想准备，做好防范措施。

为了避免资金过度占用的财务风险，有的企业采取以下措施：

减少延期支付的应收账款，可以用让利的方式，鼓励现金支付；对要求延期支付的客户提高价格，或者要求对方支付利息，制定延期支付客户的销售标准，例如月销售额达到多少以上可以月结，但要求月初企业和客户之间签订好有关协议或合同之后再试行；建立延期支付款客户档案，并且要与他们保持密切联系，经常到对方的公司或经营场所去走访考察，确定他们是否在正常经营，从而及时掌握他们的经营情况。

7. 出现财务危机时应如何处理

（1）贷款使用是否合理。投资规划是否合理跟企业的支付能力息息相关，即贷款投资的使用期限与贷款归还的日期要一致。必须用自由资金或者长期贷款购置使用较长的资产。

企业资金运用的黄金定律：注意贷款的投资使用周期。

短期贷款只能用于短期投资；长期贷款只能用于长期投资。

（2）在出现资金周转困难时果断应对的策略。

具体策略有以下四种：增加自筹贷款；短期贷款转为长期贷款；改进经营方式，及时收回应收贷款；加强促销，减少库存。

在以上四种方式中，第一种方式非常重要。为了增强企业的自主性，以使企业稳步发展，创业者必须努力筹措到尽量多的自由资金。

（3）日常管理中应该注意加强自筹资金的能力。

（4）建立经营支付能力预警制度。

8. 创业者在企业生存出现危机时的自救措施

（1）在企业出现债务或者周转困难时，可利用租赁方式自救。企业有生命周期，创业者在漫长的创业路上，可能会几次遇到生存的风险或者是经济衰退周期。如果出现巨额债务或者经济出现大衰退，要维持企业生存，可以将企业整体出售给租赁公司，再回租回来经营，既还清了债务，还可以继续生产，等筹集到或者积累到足够资金时，再回购回来。

（2）在企业遇到危机时，用出售其他资产的方式可以避免生存危机。很多企业在经营期间，都遇到过濒临破产的危机，但是只要企业可以自救维持下去，就会迎来经营的曙光。例如，著名的福特汽车公司就曾破产过四次。

所以，创业者要有不屈不挠的意志，坚定不移，不论遇到什么困难，都要想办法克服，只有这样才会取得最后的成功。

（二）信息匮乏是创业者面临的第二风险

信息匮乏在创业中的表现有以下两个方面：

一方面，盲目乐观。许多创业者容易犯的错误就是对市场信息和周边信息缺乏必要的了解，在信息不足的前提下，就盲目地认为自己的产品一定不愁销路，过分乐观地估计了市场的需求，因此当产品生产出来以后，才发现原来市场上经营同类产品的人有很多，有的甚至比自己的产品好得多。

另一方面，大意轻敌。对公司驻地的情况不甚了解，或者是低估了竞争对手的实力。新创企业的失败正是源于低估了风险（最明显的是低估了只有投入没有盈利的时间），而往往高估了自己产品的受欢迎程度，因此在没有足够行业经验和准确的市场预期时，仅靠激情来盲目创业是不可取的。

有的创业导师这样告诫创业者：把你预计的盈利潜伏期乘以十，把你预计的销售除以十。这话听起来似乎有点夸张，事实上很多创业者正是因为市场信息匮乏而导致创业失败。

创业初期规避信息匮乏风险可从以下方面来考虑。

1. 外包自己不熟练的部分业务，降低成本

（1）可减少初期资金投入。

如果创业者对到手的业务还不够熟练，开始可以把业务外包给经验丰富的人，而先不要雇佣很多员工。这可以降低创业初期流动资金的支出。定牌加工是很多小企业在最初创业时采取的经营方式。

（2）可以增长实践经验。

创业者在完成业务的同时，可以从中学到很多知识和经验，就像徒弟跟师傅偷艺一样，慢慢积累自己的经验和技能。

也许这种方式会使创业者赚到的利润很少，但是可以赚得珍贵的经验，要知道经验的获得同样也是需要成本和代价的。

外包给经验丰富的人来做你手里的业务，这样做的一个好处就是把风险分散了，另一个好处是你没有风险，你在他们可以接受的条件下，把利润留给自己一些，把发包方对你的要求只高不低地传递给承包人，并且记住要签好合同和定好完成日期，你只要做好项目管理就可以了。

2. 承包现成企业的业务，积累创业经验

（1）先从承包别人的业务做起。

如果是另外一种情形：创业者拥有技术，但没有业务来源，也没有资金自己创办企业，这个时候，也可以从先承包别人的单项业务做起，用技术赢得收入和管理经验，等到时机成熟，再单枪匹马地创立自己的企业。

（2）承包别人的公司或业务部门。

对于缺乏管理经验的创业者来说，可采取先找个对口单位，或者亲友们熟悉的单位，承包一个同类部门，开始最初的业务拓展，建立自己的客户群体，积累相关行业经验和职业体验。

很多时候尽管我们的规划和设想很好，但是，俗话说“计划赶不上变化”，客观世界永远充满了变数。只有经过实践的检验，才可以获得真正的体会。当你积累了一定的客户和行业经验以后再自立门户，可以有效地避免因经验不足产生的风险。

3. 合作经营，降低开办新项目的风险

当创业者拥有了创业项目之后，若面临缺资金、缺场地、缺人才的问题时，就可以采取合作的方式，吸收那些志同道合的朋友，一起来做这件事。有钱的出钱，有场地的出场地，有力的出力。合作可以使创业者的创业提速，只要大家制定好利益均沾、合作共赢、风险共担的约定，写好合作意向并签好合同，这个方法也是很常见的。

在创业开始后，你也要尽快进入企业家的角色，学会系统地分析问题，高瞻远瞩地考虑问题，深入细致地对待问题，有意识地培养自己企业家的素质，循序渐进，一点点接近自己的梦想。

4. 掌握信息，独立决策

（1）观察市场、注意积累。

在经济社会，谁掌握资源，谁掌握信息，谁就最有可能获得先机。信息包括市场动态、未来趋势、顾客需求等多个方面，创业者一定要争取掌握最多的顾客需求信息，以帮助自己正确决策。

创业不仅需要勇气，还需要踏踏实实地做市场调研；要做好市场营销，首先需要生产出适销对路、可以满足顾客需求的产品。因此，掌握第一手市场信息，就是创业成功的第一步。

（2）独立决策，自信执着。

事实上，有时候专家的建议也未必是正确的，确实有的小企业开办的项目，最初并不被专家们看好，而后来竟然取得了惊人的增长。因为专家也不是对各个行业的信息都了如指掌的，信息量和准确性仅仅作为参考。

最大的失败就是自己不去试一试，试了就是成功的一半。比专家的意见更为实际的就是创业者的决心，在坚定的信心面前，一切困难都不再是困难。

（三）创业初期的管理风险

规避创业风险还包括创业者要及时转变自己在生活中的角色，有责任感和奉献精神，学习和掌握企业管理的基本规律和技能，避免因管理不善而导致企业管理失败。创业是一个从零开始学习管理的机会，要培养有计划、有步骤地组织企业事务的习惯。做好规划，目标明确，不盲目、不浮躁，踏踏实实地去实现创业计划。

1. 创业初期，就要规范有序

良好的开端等于成功的一半。创业伊始，创业者就必须要求自己规范化经营，当然这里的规范化并不是要求新建的企业硬件和外观的规范化，而是在工作作风和细节上，要规范化经营，建立规范化的形象，甚至需要用规范用语在规范的信函上与客户交流。

（1）做事越规范，大家越信任你。

一个不注重规范化形象的企业，永远不会被客户看成是严肃正规的企业，永远不会得到平等的机会而受到商业伙伴的尊重。创业者越是注重形象的规范化，大家就越会相信你的工作、产品和服务也同样具有优良的品质。

（2）注意细节，培养专业形象。

“小作坊”与“大公司”的区别就在于一些细节上，正如我们在生活中对不拘小节的行为反感一样，在商务活动中，也是同样的境遇。如果创业者在商务谈判、业务范围内不够专业，是很难得到商业伙伴的赞许的。

创业者要利用一切机会展示专业性。要做到比任何人都专业，更了解这个市场，给对方留下一个印象：你熟悉本行业中每一个竞争者的情况及业务范围内的每一件商品。展示对市场的认识，是你成功的重要武器。

（3）充分发挥你的人格魅力。

一个企业经营得好坏，与企业家本人的魅力相关。可以说，人们往往因为接受了你的人，而因此接受了你的产品和服务。

2. 注重细节，掌握经营活动的每一个步骤

“千里之堤毁于蚁穴”，经验告诉我们，事业成败取决于细节。在创业初

期，创业者要亲身参与经营活动的每一个细节，只有细致地了解了经营的全过程，才可以对成本和利润有真实的了解，追求利润最大化的同时，也应该最大限度降低经营和管理成本。有人说：成功在于细节。“细节是魔鬼”，创业者只有对自己企业经营的每个环节都一清二楚，才可以找到问题所在，控制成本和利润。

创业者所做的每一个决定都是为了企业的生存，而企业的目标永远是追求利润最大化，因此在经营管理中，不要把个人情绪和情感带到管理中，理性创业、理性管理才是发展之路。

3. 精细管理，做好企业的危机处理

（1）快速处理，不回避、不推诿责任。

任何企业在经营中，都会遇到大大小小的危机事件。这些事件大多数是意料之外，并且毫无征兆的。当这些危机出现时，创业者最要紧的是保持冷静，就像消防队员一样，先灭火，然后再查找原因，千万不要回避和推诿，要做一个敢于负责的人，坦诚地对待合作伙伴和客户。

（2）提前准备，加强危机意识。

提前做好企业危机处理预案，对不同危机出现的情况提前做出分析和应对方案。做好日常管理，在出现任何问题时，都有指定业务的负责人。而且要实行“首问责任制”，一旦出现应急事件，不论是谁，只要遇到危机发生就要第一个去协助解决，并且坚持到最后。

4. 注重诚信，做好企业的合同管理

诚信是一个企业生存和壮大的立足点，一个没有诚信的人会失去朋友，一个没有诚信的企业也会失去合作伙伴。创业者在树立企业诚信的时候，应注意遵守合同、信守承诺，这是一个需要时时注意的环节。在合作时及时签订合同，不仅有利于建立自己企业的诚信度，也可以作为一种自我保护手段，防止上当受骗。

（1）不要因为都是熟人合作，就不签订交易合同。

俗话说：“凡是骗走你钱财的都是熟人。”创业者对熟悉的客户和朋友，也要按规章办事，应该签订合同的就要及时签订。不熟悉的人，人们通常都会有戒备心理，所以一般不会上当受骗。签订合同并不是说不信任谁，而是养成一个按规矩办事的好习惯，签合同是对合作者双方的共同约束，为企业今后的发展打下一个良好的基础。

（2）不要因为是熟悉的业务就粗心大意。

古人云："大意失荆州。"往往一个小小的失误，最后竟然导致所有人的心血前功尽弃。因此，不论这项工作对创业者来说是多么熟悉和熟练，都应该养成严谨的工作作风，按程序做事，不要马虎大意。

（3）不要因为遇到了困难就不守合同。

俗话说："天有不测风云。"在企业经营的过程中，遇到暂时的困难和坎坷是正常的，作为一个有雄心的创业者，在遇到任何问题时都应该勇敢地面对，不要逃避。如果一时不能按时偿还贷款，或者因故不能按时发货等意外情况发生时，应该主动向对方说明情况，以求得对方的谅解和理解，而不要任其发展，或者不了了之。

我们也看到，在一些创业的案例中，有个别的创业者在企业遇到困难时，表现出退缩或者逃避甚至放弃创业的现象。这样的后果就是，这件事恐怕今生都会成为他心头永远解不开的结，再也没有自信和勇气创业了。

第四节　创业风险的规避与防范措施

一、市场风险的规避与防范措施

全球管理大师拉姆·查兰曾告诉创业者："准确的市场定位是企业的盈利之基。"同时他指出，"市场定位是业务的核心理念，也是能否赚到钱的基础。真正检验定位的是这个真实的世界。如果顾客对所提供的东西很迷惑，或者根本不喜欢，那么创业者就无法赚到钱"。

因此，创业者在开始创业之初一定要有清楚的规划、定位，如果创业者一开始在市场把握上犯了错误，再多的努力都是无用功，并且努力越多，离目标就更远。

（一）行业选择的风险规避

1. 尽量选择自己熟悉或有专长的行业

俗话说"隔行如隔山"，创业最简单的方法就是从自己熟悉或者有专长的事情做起，这样可以最大限度地降低创业失败的风险。每一个行业都有自己的特点和核心内容，如果不熟悉而盲目进入，就会在同业竞争中处于劣势。选择自己熟悉的行业，市场熟、产品熟、人际关系也熟，拥有更多的信息，知道消费者的需求，了解市场的发展方向，可以"驾轻就熟"。

有的人可能认为，选择他人没有涉及的领域或行业可能更有前景，因为竞争对手少甚至没有，赚钱的机会更多。事实上这种观点并不完全正确，也许看中的领域已经没落或产业升级了；也许是所有的竞争同行都在对一个不成熟的市场进行观望，希望找到最合适的时机进入，也希望竞争者先做市场培育。

2. 避热就冷，寻找“潜力股”

在市场中，大家都争相进入热门市场，最终导致市场饱和，选择热门进入，创业者往往难以立身。市场空间无限，总有一些社会上需要，并且确确实实存在的市场需求，而别人不注意，或者无暇顾及的所谓冷门。一些创业者正是运用反其道而行之的逆向思维，敢于打破旧习惯和老框架，善于抓住这些别人尚未开垦的土地进行开发，避热就冷，结果大获成功。当然，捕捉冷门也不是一件很容易的事情，需要创业者熟知国家或一个地区的具体政策，并具有超前的意识和洞察力。

3. 抵御诱惑，专注做一件事

在创业初期，由于资源有限、人才少、规模小，再加上管理效率不高，要想在激烈的市场中占据一席之地，需要更加专注，只有专注做好一件事才能获得突破。阿里巴巴集团创始人马云经常告诫自己：“我专，故我强。10 只兔子摆在你面前，你不能希望一次全抓到，否则你一个也抓不到。”

4. 从小做起，学会小中见大

对于手中没有多少资金，又无经营经验的创业者，不能盲目贪大，而要脚踏实地，从小做起，学会小中见大。小生意本钱少，创业成本低，很容易进入盈利状态，也可以积累做生意的经验，为下一步做大生意打下基础。当然，如果有资金，有坚强的资金做后盾，也可以从大生意做起。有很多创业者一开始做的就是大生意，那是因为他已经在这个行业打拼多年，有了足够的经验和人脉，当其要创业的时候，需要的只是各方面资源的整合和对全局的把握。

（二）项目选择的风险规避

创业最忌讳盲目跟风，准确选择创业项目是成功创业的关键，如果项目不可行，即使付出再大的努力，最终还是失败。选项目应把握以下原则。

1. 项目选择前要做好充分的市场调研

市场是生产经营的前提，是企业生存和发展的空间，没有市场，创业就是一句空话。市场调查的目的在于发现可开发的市场空间，以及可选择的产品或服务，在市场调查过程中寻找机会，寻找项目。只有通过市场调查，才能搞清应该做什么，可以做什么。项目的选择要依靠数据的理性分析而不能仅凭感性的主观判断。

刚毕业不久的大学生想回乡创业，准备投资开办一家高档灯具品店，那么他首先要考虑的问题就是在他所处的这个区域有没有消费市场，市场容量有多大，市场饱和程度及可否进入等。创业项目选择通常要考虑三个要素，即需求+专长+资源，专长是创业者主观方面的因素，需要对自己有一个全面客观的评价，而需求和资源则需要通过市场调查。市场调查一般包括以下几点。

（1）调查市场供求状况。

这是对市场主体的调查，首先是要看市场上需求量大不大，包括实物需求量和购买力的调查，目的在于了解所选项目是否有需求，有没有能力满足需求；其次是供应量的调查，即目前市场上某种产品生产者投放市场出售的商品量，这样做是为了了解市场的饱和程度，以及进入市场后的发展空间。同时，还要了解作为生产经营者可从市场上获得的原材料或货源量，这是制约企业发展规模的重要因素。

（2）调查商品生命周期。

一个新产品要让消费者从陌生、拒绝到熟悉、接受、购买需要一个市场培育期，在这个过程中需要付出巨大的投入，从心理上和实力上中小创业者往往难以承受。作为中小创业投资者，最好把新产品的市场导入期让给别人去做，自己在产品的“成长前期”或“成长中期”进入。

对商品生命周期进行的调查，包括供求变化、产品更新换代变化、替代品的变化、价格的变化等。可以了解所选择的产品或服务的生命周期处在哪一个阶段，如果处在萌芽期或成长期，那么进入的价值就很大。同时要关注与其相关的可替代品有什么变化，对所选择的项目会产生什么影响等。

（3）调查消费者购买行为。

调查消费者购买行为包括调查消费者购买动机、购买行为趋势及购买行为特征，目前及未来消费者的消费水平、消费心理、消费行为的变化以及影响消费心理和消费行为的各种因素。同一产品或服务会因不同区域、不同人群、不同消费行为而表现出极大的差异性，在一个地区可行并不一定在另一地区可行，调查消费者购买行为的目的主要是确保项目选择能遵循消费行为的变化规律。

（4）调查竞争对手。

竞争者是指与企业生产经营相同或类似产品的企业和个人。选择创业项目必须建立在对同行全面了解的基础上，才能确定是否可以进入，是否有发展空间，是否有能力参与竞争，是否有发展前途等，这是至关重要和不可或缺的环节。

投资者应重点了解竞争对手的人均消费额、每天的客流量、营业天数、货架数量及种类等。

（5）调查市场环境。

市场环境是与企业生产经营活动相关的各种因素和条件，企业生产经营的关键就在于企业能否适应不断变化的市场环境。市场环境包括宏观环境和微观环境。宏观环境是一定区域人口、经济、政治法律、社会文化以及生态环境等一些大范围的社会约束力；微观环境是对企业的生产经营活动产生直接影响的环境因素，主要包括企业内部环境、供应商、中间商和服务商、顾客、竞争者等。此外还有行业背景，包括行业发展规模、阶段、饱和程度，行业的区域分布、各类型所占份额等。

（6）对市场进行预测。

调查的结果是要对未来市场做出准确的判断，市场预测就是运用科学的方法，在对市场进行充分调查研究的基础上，分析和预见其发展趋势，为项目选择提供可靠依据。市场预测包括市场潜量预测、市场销售水平预测、生产经营资源预测、产品竞争能力预测以及成本预测等。

2. 掌握正确的创业项目选择的途径与方法

（1）项目选择途径。

项目选择一般有以下几个途径：一是从某个固定消费群体寻找，如企业集中的生活区、高校大学生群体等；二是从消费需求变化趋势中寻找项目，如私家车消费发展、软件业发展等；三是从市场空隙寻找，初次创业最好是从干小事、求小利干起，做别人不做的事，当然，虽然是小事但一定是有发展前途的；四是从经济社会发展趋势寻找，如国家一定时期的重大决策、地方政府的发展规划。作为创业者，要关注时事政治，关心国家、地方政府做出的社会经济发展规划，尤其是中央、国务院每年召开的经济工作会议、农村工作会议，因为这些会议都是对新的一年所做的部署和安排。

（2）目标市场选择。

目标市场是生产经营服务对象的一个或几个细分市场。细分市场是根据顾客之间需求的差异性，把一个产品市场整体划分为若干个顾客群体，每一个由需求特点相似的顾客组成的群体构成一个子市场，如服装市场可按年龄分为儿童市场、青年市场、中年市场、老年市场。

没有任何一个企业能够满足所有消费者的需求，企业只能根据自身的技术力量、物质资源及管理能力等条件，在正确细分市场的基础上，找准适合自己的、有自身优势的项目，满足消费者的特定需要。选择的目标市场应具有一定的市场发展潜力，避免“扎堆”，要符合自己的目标和能力，具有内在竞争力。

（3）经营类型选择。

选择创业项目在很大程度上还取决于企业类型和规模，对资金有限的创业者建议考虑选择：①所需投资不多的劳动密集型行业，如服装、食品加工、印刷包装、工艺品、电子仪器等；②为某些大企业进行零配件加工的行业；③维修、快递、家政、清洗、保健等便民、利民服务行业；④开餐厅、面店、小百货店等；⑤加盟连锁经营。

在乡村创业，还可考虑选择：①承包土地，实现集约化、规模化经营；②举办特种养殖和种植；③做家庭副业，如开办农家乐；④从事生产经营服务，如农资销售服务、农机专业服务等；⑤建立专业合作组织等。

3. 要对创业项目进行科学的评估

（1）市场评估。

在市场调查基础上，对所选项目的市场需求、市场发展前景、市场利益空间、市场可占有份额等进行的综合分析和评价。

（2）条件评估。

条件评估主要是对创业项目所需人、财、物、技术等的可能性进行的论证，有需求、有钱赚，但不一定有能力做，如开办加工厂，包括场地、资源与原材料、燃料电力、交通通信以及周边环境等都必须具备。

（3）经济规模评估。

投资的直接目的是以最少的投入获取最大的效益，经济规模评估就是根据技术、资金、市场等条件，论证所选项目可能达到的规模，以及这一生产经营规模对投资效益目标的可实现程度。

（4）效益分析。

效益分析包括项目生命周期、成本费用、销售收入、税收利润等，效益分析可建立在对两个项目对比分析的基础上，通过对比，选择最优项目。

（5）环境评估。

从国家、地区、行业发展导向和趋势角度，对所选项目生产经营所处的政治、经济、社会等有利与不利因素进行分析，以决定项目能够走多远。如政策与法律环境，创业项目应该是国家和法律准入的行业和领域。

（6）风险评估。

创业意味着投资，投资就有风险。制约企业发展的风险因素包括市场风险、自身风险和其他风险，一般情况下报酬率相同时人们会选择风险小的项目；风险概率相同时人们会选择报酬率高的项目。

二、融资风险的规避与防范措施

创业过程中，资金不足是常事，这时唯一的选择就是融资，融资的成败往往注定了某个创业项目是否能顺利启动。创业者可以利用的融资渠道主要有银行贷款、风险投资、民间资本、创业融资、融资租赁、商业信用融资、亲朋拆借、典当行融资、天使投资等。

目前，融资难已成为困扰中小企业发展的突出问题，没有资金运营等于把中小企业推上破产的边缘，如果企业在融资过程中不小心掉进融资陷阱，更是雪上加霜。创业者在融资过程中一定要注意细节，避免落入融资陷阱，造成不必要的损失。

（一）采用多元融资渠道

市场经济体制下的企业可通过多种形式融资，由于其融资成本不同，所承担的风险也不同。因此，企业应根据自己的特点及生产周期、市场特征和资金需求，制定合理的融资方案和期限，打破原有的融资硬性要求，在解决需求资金的同时，更新理财经营观念，采取多元化和多方式融资，分散融资风险。

（二）预防创业融资陷阱

1. 陷阱一：考察费

中国素有礼仪之邦的美誉，因此在企业融资期间，对前来提供帮助的人员进行接待和食宿安排是情理之中的事情，但是有一类考察人员，企业一定要留心。主动与企业联系，在不了解企业情况的前提下要求到企业考察，并要求企业支付考察费，不仅如此，而且对考察费的要求很高。在中国，要求支付考察费的投资机构并不常见，真正的资金方一般都会自己安排外出考察的费用。

2. 陷阱二：项目受理费

项目受理费是指融资服务机构在收到企业有关资料后要求融资企业缴纳的对项目进行评估和项目预审产生的费用，尤其是号称有外资背景的投资公司，往往把收取项目受理费作为一种对项目控制的流程或费用转嫁的方式，如果出现以下情况，融资企业就要提高警惕，骗局正在找上门来。

融资服务机构对融资企业项目资料不做实质性审核即下初评认可结论；对不具备条件的项目下初评认可结论；以收取项目受理费为目的，不以项目投资为目的，在项目实质性评估阶段以各种理由拒绝融资企业。

3. 陷阱三：撰写商业计划书费用

商业计划书是风险投资商现场考察前首先要拿到的资料，现在无论是国内还是境外的投资机构，都习惯使用商业计划书，因此商业计划书的撰写是企业融资之前的必修课，正是因为商业计划书的重要，给了一些不法分子可乘之机。下列情况，融资企业应该拒绝帮助。

企业已经请别的融资服务机构或自己制作完成商业计划书，作为项目继续进行下去的必要环节，需经融资服务机构（或资金方）承认，但融资服务机构（或资金方）却以各种理由拒绝，不仅如此，还百般刁难融资企业，更要求企业提供"国际标准格式"的商业计划书。

正规的投资公司不会指定专门的公司为创业者写商业计划书，但大多会要求创业者提供商业计划书，如写得不清楚，可能会要求创业者提供补充材料或亲自做尽职调查。

4. 陷阱四：评估费

在融资过程中，一部分投资者或融资服务机构要求对企业资产或项目进行评估，如果是在融资实施阶段，此项评估是完全必要的，但如果是下列情况，则有诈骗嫌疑。

项目评估不是在项目实施阶段，而是在项目审核阶段；评估机构不是资金方或融资服务机构认可的评估机构；要求对整个项目或对某一部分资产（主要是无形资产）进行评估。

正规投资机构如果确实想投资该项目，一般都是投资机构和创业者共同委托评估公司，评估费用也多共担或由投资公司承担。

5. 陷阱五：保证金

保证金也是企业在融资过程中经常遇到的陷阱，据了解，有 30% 的企业曾经在保证金上被骗取了不菲的钱财。具备如下条件，保证金则是一场骗局。

资金方要求融资企业必须严格按照自己预先设定的程序操作，否则就拒绝往下进行；资金方设置了严格的违约条款；资金方对项目的审核简便，对项目的真实性和项目回报热情很低。

6. 如何防范融资骗局

俗话说，狐狸再狡猾，也有露尾巴的地方。因此，中小企业在融资过程中一定要提高警惕，注意以下几个方面。

（1）对资金方实力和可行性进行确认。

真正的融资服务机构一定有成功的融资案例，融资企业可以从融资服务机构的成功案例入手，对他们的实力进行确认。另外就是上面提到的商业计划书，正规的融资服务机构一般不会指定专门的公司为融资企业撰写商业计划书，只会要求融资企业自行提供。另外，融资服务机构介绍的资金方，如果资金方确实想投资该项目，一般都是资金方和融资企业共同委托评估公司，评估费用共担或由资金方承担。

假冒的融资服务机构一般而言具备以下特征：公司员工整体素质不高；与融资企业接触洽谈的方式神秘；项目很容易立项等。

（2）不要有投机取巧的心理。

中小企业因为融资难问题，大都存在融资急切，喜欢占小便宜的心理。须知心急坏事，占小便宜吃大亏。很多假冒的资金方就是利用了融资企业的这种心理，让企业上钩。

例如，不经过严格审查就和企业签订融资意向书；没有采用风险保障措施就做融资安排；一个很小的项目，甚至没有任何基础的项目，就要投资上千万元，这一定是骗局。在这种骗局面前，很多中小企业上当是因为相信自己的项目一定会有人感兴趣，抱着懂憬做事，自然会被骗。

（3）请专家全程服务。

中小企业在融资过程中，如果想要把风险降到最低，最好请专业的融资服务机构全程跟踪服务，或者请律师参与，事先对资金方的性质和真实性进行判断，在签署协议前做足功课，这样才能防患未然。

（三）建立风险防范机制

创业者在项目运行过程中应逐步建立起完善的风险防范机制和财务信息网络，对项目运营过程进行事前、事中、事后监控，及时对财务风险进行预测和防范，制定出适合本企业实际情况的风险规避方案，把风险控制在最小范围。

如通过控制经营风险来减少融资风险，充分利用财务杠杆原理来控制投资风险，按照市场需求来组织生产经营，及时调整产品结构，不断提高企业盈利水平，避免由于决策失误而造成的财务危机。

（四）规范企业投资行为

随着我国企业投资环境的日趋复杂，投资决策的难度和面临的风险大大增加。小企业在创业前应仔细研究国家的政策条例和政策意图以及它们的变化趋势，明确收益和投资的额度，根据收集的相关信息做出政策允许的投资决策，善于从优惠政策中降低成本，获取收益。要学会用法律、法规来保护企业的权益，并适应市场的变化和消费者的需求。同时对利率、汇率的波动，产品的价格趋势，竞争格局的变化进行有效预期，从而减少环境的不确定性对投资收益的影响。

（五）规避资金偿还风险

创业者必须确定合理的负债结构，保持自有资金与负债资金的最佳比例，这样既可以产生财务杠杆利润，又可维持良好的偿债能力。由于预期现金流量很难对债务的到期及数量保持协调一致，这就要求企业在允许现金流量波动的前提下，对负债的盈利与风险进行权衡，以使企业风险最小，又能盈利能力最大化。

因此，为了规避资金偿还风险，创业者就必须预测企业未来的经营状况，并以其为主要依据，合理地确定融资结构中债务和权益的比例。如果经营前景乐观，税前利润呈上升趋势，则加大负债在融资结构中所占的比例；如果经营风险较大，则需降低负债在融资结构中所占的比例。

一般来说，创业者可以根据经营最不利情况时的税前利润以及企业的风险承受能力来决定融资结构中债务和权益的比例。企业这样做不仅可以取得合理的现金流量，而且可以在规避风险的同时，增加企业的利润。所以在实际操作中，不同企业在不同时期应根据不同的情况，按照上述原则选择适合自己的融资方式。

（六）做好专利保密工作

通过风险投资基金融资的高新技术企业通常拥有自己的专利和核心技术，而吸引风险投资基金作为一种特殊的融资活动，投资方要求深入了解企业的运作，甚至参与企业的经营管理。因此，通过风险投资基金来融资的企业需要防范以下风险。（1）投资基金较高的投资回报率增加了企业的综合资金成本，进而增加了企业的财务风险。此外，风险投资存在交易成本、监督、调查、签约等活动，需要相当大的开销，这些费用最终摊派到企业的头上，增加了企业的财务负担。（2）由于投资方在投资之前需要深入了解企业的运作实施计划，企业不得不将一些宝贵的经营信息（如定价策略、营销策略、产品开发计划等）、技术信息（如工艺、技术构思、操作流程等）进行披露，而这些信息对于一个企业能否长久立足于竞争激烈的市场中起着重要作用。所以，当高新技术企业通过风险投资基金融资时，应做好专利及技术的保密工作。

三、经营风险的规避与防范措施

企业经营风险包括企业日常经营中各项业务的风险，主要指采购风险、生产风险、销售风险、结算风险、人事风险等。

（一）采购风险的防范与控制

在市场经济条件下，企业所面临的采购风险主要来自市场经济运行的复杂性、不规则性，以及经营者相关能力的有限性，具体来说就是如何选择安全、高效的采购形式、方法和运输手段，如何取得物美价廉的物资，以及防止其他经营主体的营私舞弊等。

1. 价格风险的防范与控制

一是回避法，即以采购计划中所列的价格为目标价，而不管市场行情如何变动。如在采购业务中，因害怕价格陷阱而不去追求低价位，也不愿超出计划水平选择高价位，而是选择中间价位。二是转移法，即市场价格风险转移给生产厂家或供应商。如可以与厂家事先定价订货，即使市场行情发生变化，企业的采购利益也不会受影响；另外在商品持续涨价的情况下，可以采取先付款后取货的采购方式，而在商品价格持续下降时，先交货后付款。

2. 道德风险的防范与控制

企业采购业务中的道德风险主要指由于采购人员为追求个人和小集团的利益而牺牲企业利益，在采购业务洽谈中采取对企业不负责任的做法所导致的风险。对此，企业一方面要对采购实行计划、预算机制，并监督计划的执行，评价执行效果；另一方面对采购洽谈业务实行牵制原则，允许多人介入，并采取严格的授权批准制度。此外，企业要对采购内容进行及时评价，进行奖惩；还要预防采购风险，减少损失。

3. 验收风险的防范与控制

企业的验收风险是指企业所购物资运抵后的卸货、整理、验收入库、登记等过程中发生的各种经营风险。对此，一是提高验收人员的素质，严格执行验收程序；二是不相容职务分离，采购人员不得参与验收工作；三是验收工作必须具有完整的手续和凭证，对验收凭证要有验收人员的签章，并妥善保管备查；四是建立核对机制，做到采购数与验收数相符，账实相符。

（二）生产风险的防范与控制

企业的生产风险是指企业各种生产要素在生产现场加工并形成产品或完成

劳务的过程中所发生的各种经营风险。规避生产风险可从以下几方面入手。

（1）加强生产目标管理，制订严密的生产计划和生产作业计划，明确生产及管理的具体要求。

（2）对于劳动力、资金、物资和信息等生产要素在时间、数量和质量方面必须符合生产过程的需要，在生产过程中能够迅速有效地结合起来，且形成一个有效的整体。

（3）落实生产计划和作业计划，保证生产产品的品种、数量、质量、交货期、成本等处于良好的控制状态，以尽可能少的人力、物力、财力消耗完成生产任务。

（4）保证生产过程的各种信息正常产生、加工、传递和使用，为生产风险防范指明方向。

（三）销售风险的防范与控制

销售风险是企业围绕产品销售、劳务提供及其市场份额的争夺，与消费者、竞争对手以及与其他市场经营主体和非经营主体打交道的过程中所发生的各种市场风险。企业销售风险的防范和控制措施包括以下几种。

（1）企业确立以销定产、以产订购的生产经营运行体系，将企业纳入市场经济的轨道，将市场生命根植于市场经济的土壤之中。

（2）建立健全的市场信息网络。广泛收集信息情报资料，动态跟踪市场经济的发展，及时了解消费者的需要、竞争对手的策略变化，主动研究市场，发现市场的机遇。

（3）建立精干高效的营销队伍，给予合理的权限，明确其职能范围，以使其在市场营销机遇面前快速反应，果断决策，保持与市场前沿的沟通。

（4）强化企业销售与收款循环的内部控制措施，如授权批准控制、组织结构控制、职责分工控制等。

（四）结算风险的防范与控制

企业面临的结算风险是指企业在与其他企业进行销售货款结算过程中所发生的各种经营风险，主要包括由赊销而产生的风险、由不适当的现金折扣造成的结算风险、由不同的结算方式形成的结算风险、由购销合同签订不妥引起的结算风险。具体防范和控制措施有以下几方面。

1. 加强购销合同的管理

企业在与客户签订合同时，首先应对客户的偿债能力、信用标准等方面的情况有所了解，在此基础上再与之签订合同，可避免风险发生。

2. 严格遵循相关规定

企业要严格遵循国家《人民币银行结算账户管理办法》等结算制度的规定，遵守结算纪律，不得擅自采用不合规的结算方法支付采购货款。因为这些非法结算不受法律保护，其经营风险较大。

3. 完善应收账款的管理

企业要加强对每个客户应收账款的管理，及时观察客户所欠债务是否突破了规定的最高限额，企业要对不同的客户设有不同的赊销限度，不可让客户任意赊欠，无限制地赊欠。为此要制定合理的收账政策，对于过期较长的客户，可措辞委婉地写信催款，对于过期很长的客户，可用严厉措辞予以催款。

4. 积极调整产品结构，提高产品质量

多生产那些效益好、货款回收率高的产品，并加强售后服务，提高企业信誉，吸引更多客户，增加企业收入，缩短企业资金周转周期。

（五）人事风险的防范与控制

人事风险是指对人的录用、培训、鉴别、提拔或调整的过程中所出现的各种风险。人事风险有多种表现形式，对企业经营的影响程度不一。企业的组织人事和劳动部门不可能保证所有用人都完美无缺，也并不是所有人都会产生人事风险，只有那些严重的用人问题，如关键岗位或重要职位上的用人问题，才可能成为企业风险防范的重点。加强人事风险管理的措施主要有以下几方面。

（1）加强企业人事、工薪方面的内部控制与管理，完善企业人才选拔的标准、原则和程序，加强企业人员培训、提拔、绩效评价等方面的控制与管理，加强对人员的监督与激励。

（2）进行人事内部控制制度的评审，促进企业切实建立科学分配机制，最大限度调动员工的积极性，保证干部聘用的公开、公正，实行能者上、平者让、庸者下的原则，防止人才的流失。

（3）加强对企业组织的控制，实现部门、人员间的相互牵制。

（4）加强对日常人事风险的评估，增强风险驾驭能力。

四、竞争风险的规避与防范措施

创业致富离不开创新，新创企业要增强新产品的设计、开发能力，抢占市场竞争的制高点，应变未来挑战，离开创新是万万不行的。在创业初期，许多创业者都要面临激烈的市场竞争，竞争是不可避免的。竞争的最高境界不是与竞争对手面对面地对抗，也不是与对手拼个你死我活，而是学会寻求互惠共存之道，超越竞争对手，为自己开辟一个全新的领域和生存空间。面对强大的竞争对手，懂得妥协和低调，这是避免竞争风险、保存实力的最佳策略。

（一）注重培养创新思维

创业的过程就是不断扬弃、不断创新的过程，不仅要在产品与服务上创新，也要在经营理念和商业模式上创新，一家成功的创业企业，离不开与时俱进的创新思维。创新思维的培养方法主要有心理思维方式的创新、跟踪思维的创新、替代思维的创新、发散思维的创新等。

（二）善于模仿

“创新”常被人们挂在嘴边，而“模仿”却不常被人提及，其实模仿也是学习。任何一个企业，没有人会否认创新的重要性，可是当创新付出的代价和成本高于创新所创造的价值时，成功的模仿可以让企业站得更稳、走得更快。

模仿最大的好处是可以避免许多不必要的风险，因为对创业者来说，先生存下来比什么都重要，许多草根出身的创业者，最初正是通过模仿、跟风，在商品经济的大潮中攫取第一桶金的。当然，成功的模仿是在模仿的基础上创新，而不是完全照搬，仅仅依靠一种简单的模仿是无法取得成功的。

（三）学会互惠共存

善于借助强者的势力生存，不但是一种聪明的做法，而且是可行的。大企业有通畅的产品流通渠道，有广大的客户群体，而小企业无论从资金、技术、人才等方面都存在诸多先天不足。

如果小企业利用自身优势找到与大企业的共同利益，比如为大企业配套与贴牌生产、做大企业的代理商等，主动联盟，将强大竞争对手转化为依存伙伴，自然也就可以分享到大企业的利润大餐，使自身迅速发展壮大，这不能不说是初创小企业走向成功的捷径。

（四）重视保护创业资产

品牌、专利、技术和经营者的智力成果等是企业的无形资产。有些创业者只关注企业的有形资产，却无视对无形资产的保护，结果常常是自己开凿了半天井，却让别人喝了干净水，使企业遭受重创。无形资产的保护措施主要有防止商业泄密；加强商标自我保护，防止恶意抢注；及时进行专利申请和版权保护等。因此，创业企业要重视对有形和无形资产的保护。

（五）持续创新引领市场

现实中，往往是某家企业获得了阶段性成功，取得了一些竞争优势，便会招来大批竞争对手的模仿跟进，特别是实力远大于自己的竞争对手的模仿跟进，导致企业节节败退，无法维持昨日的成功。要解决这一问题，创业企业唯有不断创新，才能形成一种独一无二的优势，让竞争对手无法跟进和模仿。因此，创业企业要通过在战略上领先对手一步、不断运用技术创新来保持自身核心优势、运用特殊技术优势构筑竞争壁垒等手段，做到持续创新并不断进步，最终引领行业市场。

第七章　大学生创办企业的经营管理

创业不是到成立企业就结束了，成立企业还只是刚刚开始，企业创办之后的经营管理才是创业是否能够成功的关键。本章将从企业管理、企业市场营销两个方面论述创业企业的经营管理。

第一节　大学生创业企业管理

一、适合大学生创业企业的管理模式

（一）理念和经验注重中西合璧

大学生创业企业还不够成熟，国外的创业经验很多。因此，如果通过学习国内外先进的管理理念，大学生创业公司在发展过程中可以避免很多大坑。必须优先重视人力管理，积极开发人力资源，培养和发展团队精神。它主要包含明确合理的经营目标，领导必须廉洁自律，发挥表率作用，加强沟通，充分发挥激励作用，形成科学的管理体制，调动全员积极性。

（二）鼓励创新的企业文化

注重企业文化的创造和实现，创造有利的创新空间，注重企业形象和整体竞争优势，明确企业思路，营造企业独特的文化氛围，注重诚信。企业要克服自身的不足，尽快建立现代企业制度，鼓励和发展企业文化。

（三）灵活的企业战略

战略选择是公司成功的关键组成部分。管理战略的合理选择是学生成功创建企业的核心。因此，学生创业如果不能从战略角度思考企业的发展问题，不仅不能取得成功，还很容易陷入被动。

（四）严格的制度规范

运营程序的监管对于快速增长的公司尤为重要。制度规范涵盖企业基础设施、建设、职能管理、企业发展与经营等方面，这是一个完整的系统。规范是一个全面和渐进的过程。在创业时，必须掌握符合自己业务、战略、文化的管理模式，找到适合学生创业发展的制度，才能促进学生创业的持续发展。

二、大学生创业企业人力资源管理

（一）大学生创业企业的人力资源管理问题分析

1. 缺乏人力资源规划

不少初创业的大学生因为考虑到风险原因，“合伙创业”成为首选，但由于很多学生长期生活在校园，与社会的联系较少，所以大多数都是选择专业相同、有共同兴趣爱好、彼此相熟的人组成创业团队，缺乏系统的战略规划、人才规划等，给企业的后期发展带来了隐患。人力资源规划是人力资源管理的基础，人力分析、人力资源和定额是人力资源规划、保证公司劳动力供需平衡的重要前提，公司人力资源价值根据公司需要而定。最大限度地实现和确保企业未来各环节的良性发展，这在企业发展的早期阶段是非常重要的。

2. 员工自我管理能力欠缺

大学生作为创业的重要参与者，具有较强的创造力和先进的知识。然而，由于大学生年龄很小，情绪管理还不够成熟。但是情绪管理对于人力资源管理尤为重要，积极的情绪可以帮助员工做出更好的决定，传递创造性的想法，提高客户满意度，并参与有效的对话。负面情绪会导致一定程度的人际冲突，从而对面试、工作评价、企业文化等产生负面影响。因此，有效地消除员工的消极情绪，最大限度地调动员工的积极情绪，有效地解决问题，是人力资源管理的重要内容之一。

3. 绩效考核制度不健全

由于企业绩效考核制度不健全，企业发展初期没有明确的标准。关于业绩报酬，只有口头激励，而不是实物激励，或者健全的绩效考核制度，时间长了员工会因为相互理解不清而矛盾加剧，导致公司在创建初期人才大量流失。在创业过程中，很多大学生忽视了绩效评价方法的应用，注重结果，忽视了过程起着重要作用。工作评价体系的不完善影响到企业的凝聚力和企业文化，间接导致企业的失败。

（二）大学生创业企业人力资源管理新措施

1. 人员的招募与培养

大学生创业企业作为初创企业，招聘经验不足，在招聘机制不够成熟的时候，主要注重学历，忽视了学历与能力的真正融合。在招聘过程中，首先要明确用人顺序，履行相关岗位职责，确定岗位之间的合作关系。招聘的第一阶段有必要打开外部渠道吸引不同的专业人士。在甄选过程中，除了要面试者符合公司的要求，也要听取面试者的要求，二者合并最后才能做出正确的选择。面试的时候秉持公平、公正、公开的原则，尤其是创业初期，不要因为外部因素破坏公司的制度。

不要着急培训员工，切忌盲目开始，浪费不必要的时间和金钱。在培训方面，由于初创企业经验不足，可以学习，但是不可盲目效仿其他比较优秀的公司，要按公司的需求和对员工的要求来制定培训方案，以确保培训是有效的，对公司发展是有益的。此外为了防止人才流失，也要满足员工的合理需求，不定时增加福利待遇。

2. 培育并维护良好的企业文化

创建团队之初，通常规模小，组织结构简单，资金缺乏，成长缓慢。在公司发展的初期，主要通过团队情怀、共同的价值观来维系。因此，在早期阶段，企业文化是整个公司不可分割的一部分。在企业发展的后期，企业文化也很重要，并渗透到人力资源管理的各个方面。在绩效考核过程中，良好的企业文化直接关系到公司的整体发展。此外，企业文化必须以适当的方式进行变革，以增强团队的凝聚力和灵活性，体现公司按照员工的理念发展。

3. 通过多种渠道实施激励措施

激励对于人力资源管理非常重要，良好的激励措施可以鼓励员工工作，充分激发他们的潜力，调动员工的积极性，更好地应对工作上的挑战。最有效的激励措施之一是将工作与报酬挂钩。在学生创业企业中，团队合作是主要的工作类型，最有效的评价方法是将团队绩效与个人活动相结合。合理的工资模式可以最大限度地提高员工的积极性。在公司发展的初始阶段，在稳定员工的地位之前，要尽可能采用更稳定的薪酬模式，使公司走上正轨；在公司发展的过程中，要适当采用精英高薪模式，让员工得到应有的回报和发展进步的机会。

4. 开发数字化人力资源管理新方法

随着互联网时代的到来和数字化管理模式的新发展，企业开始利用数字技术来进行人力资源管理，提高管理效率。关于员工的工资，可以开发一个内部软件，用于员工工资、保险、福利等领域的服务，这将大大降低劳动力成本。

三、大学生创业企业财务管理

财务管理是企业管理的核心，创业企业财务管理能力的强弱直接关系到企业的成败。很多创业企业在发展的初期，甚至中后期都很容易亮起财务管理方面的红色警讯。创业财务管理混乱、财务管理体系不健全、企业信用度下降、重大财务策略和财务功能缺位等现象经常伴随着创业企业的成长出现。这要求创业者在进行创业的过程中，从融资到资金的使用，再到利润的分配，需要具备良好的财务管理能力。如果创业企业因为财务上发生了重大问题和失误，就很容易导致创业艰难，甚至中途折戟沉沙。

（一）大学生创业企业财务管理存在的问题

1. 财务管理意识薄弱

大学生创业成立的一般是规模较小的中小企业，从业人员少，很难形成完整的财务管理体系，原则上也很难把财务仅仅当作一种报告工具，许多与财务管理有关的工作缺乏科学的理念和管理实践，财务信息得不到有效的利用，导致财务成本高、投资风险大、债务大，难以逾越成立初期的财务危机。

2. 财务基础工作不规范

大学生创业企业普遍存在财务和资金短缺问题。由于财力有限，很多大学生创立的公司没有专门的财务部门或财务人员。因此，通常情况下，公司的财务人员没有完整系统的财务管理理论，这可能导致财务方面的漏洞、错误和财务风险。

此外，大学生创业企业的财务基础工作缺乏规范的基本程序。原始凭证缺失，记账凭证填制不规范，凭证的传递与保管工作缺位，财务报表不完善或是根本没有财务报表等都是大学生创业企业缺乏规范的基本程序的表现。没有一套详细的财务工作标准、制度，大学生创业企业的财务人员往往难以有序地进行工作，财务信息也难以有效地反映企业财务状况，最终会导致企业财务工作混乱，引起财务风险。

3. 启动资金少、融资能力弱

（1）缺乏广泛的社会关系。

创业企业成立之初，大学生很难建立起一个正常的社会关系网，由此而造成融资能力弱。首先，大学生在校期间接触最多的是周围的同学和老师，而同学和老师很难为其提供创业所需的资金。其次，大学生刚步入社会，与政府、银行、其他企业的关系不能及时建立，相互之间缺乏了解与信任也是融资的一大难题。一项对北京大学生创业调查结果显示，77.2% 的大学生认为资金缺乏是大学生创业的最主要障碍，60.7% 的大学生认为社会关系缺乏是制约大学生创业的另一障碍。因此，作为大学生，要创业，就必须建立广泛的社会关系，拓展自己的关系圈，并尽可能多地参与社会上的一些与创业相关的创业活动，以便获得更多的融资信息和融资渠道。

（2）缺乏对政策的了解。

近年来对大学生创业的支持力度不断加强，国家和地方相关的优惠政策也很多。如上海市专门设立了大学生创业天使基金，为大学生开办企业提供 5 万元～ 30 万元的创业支持。武汉市从 2011 年起，加大了财政投资，鼓励、扶持大学生创业；2012 年投放小额贷款 500 万元，并在武汉大学等 6 所高校建设大学生创业俱乐部，给予每个俱乐部 5 万元的启动资金。宁波市出台的《关于使用失业保险基金预防失业促进就业有关问题的通知》（甬政发〔2012〕135 号）明确规定，对高校毕业生创业给予 5 万元～ 50 万元的小额担保贷款。太原市税务部门对大学生创办咨询、信息、技术服务等类型的企业，免征 1 ～ 2 年的企业所得税，相关银行对登记失业的大学生自主创业，提供不超过 5 万元的小额担保贷款。西安市高校毕业生在西安创业最高可获 50 万元的创业贴息贷款。但大学生是否都充分了解和利用了相关的优惠政策呢？就宁波工程学院的一项大学生创业调查研究显示，仅 7.8% 的学生了解创业的相关法规政策。对政策掌握得不全面会造成大学生创业企业错失优惠政策，不利于企业融资。

（3）银行贷款条件的限制。

银行贷款是有一定限制的，对于大学生创业企业来说，由于财务管理不规范导致大学生创业企业难以提供有效可靠的财务信息，金融机构不能及时了解其财务状况，会增加贷款难度。此外，大学生创业企业多为小额贷款，而银行对小额贷款审核严格，要求贷款人具备偿还能力。对大学生创业企业而言，创业刚刚开始，银行贷款审核部门几乎不认定其具备偿还能力，因此大学生创业企业想要获取银行贷款实际很难。杭州市的一份调查显示，只有 9.74% 的大学生创业企业获得银行贷款（图 6-1-1）。此外，银行贷款对于大学生创业企业而言，难度最大的是无法提供有效资产作抵押或质押。

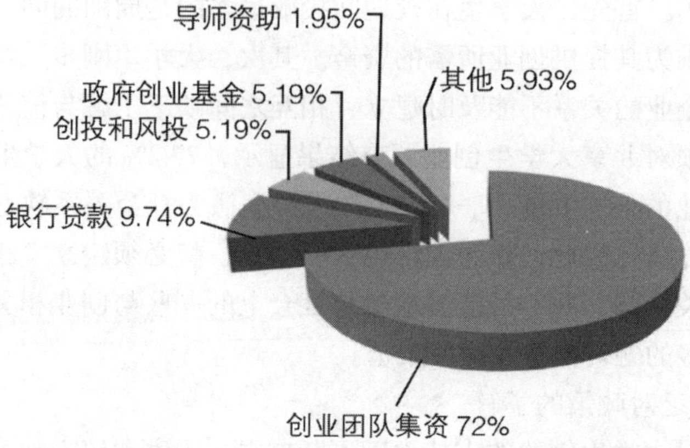

图 6-1-1 大学生创业企业资金来源渠道及构成比例图

企业融资是需要一定时间的，而缺乏资金运用管理意识和能力的大学生往往会到创业企业急需资金时才想起去筹集资金，但是商业银行的融资审批是需要一定时间的。如以小额贷款为例，从申请递交到取得贷款，融资时间最快两个多月，如果是外资银行，融资时间甚至要达半年之久。因此，缺乏未雨绸缪的意识会造成大学生创业企业资金周转困难，从而影响大学生创业企业发展。

4. 投资缺乏科学性

筹集资金之后，如何保证资金运营的科学性与投资的合理性是大学生创业企业所面临的又一大问题。投资缺乏科学性会导致投资项目难以获得预期收益，投资无法回收，影响到大学生创业企业的正常运营。对大学生创业企业来说，投资缺乏科学性主要表现在以下两方面。

（1）可行性研究不足。

企业投资需要对投资项目进行可行性分析，对大学生创业企业而言，投资的成败决定企业的生存与否。

科学合理的投资会有效地促进企业成长，在投资项目确定前，大学生创业企业需通过分析投资收益、投资风险、资金技术等方面来分析投资项目的可行性，然而由于获取的经济信息不全面和大学生创业企业领导层能力的局限性等，大学生创业企业很难对投资项目进行科学合理的分析，导致投资失败。据国家有关部门统计，我国大学生创业成功率大概只有 2% ～ 3%，浙江省大学生创业成功率最高，也只有 4%，我国大学生创业成功率与全世界大学生平均创业成功率 20% 相比，我国大学生创业形势不容乐观。

（2）风险意识淡薄。

大学生创业企业一般是通过将社会的新兴需求转化成新兴的产业来扩大消费市场，从而促进大学生创业企业发展的。因此，大学生创业企业的投资具有很大的风险性，规避风险意识不强。但这不代表大学生创业企业可以盲目投资新产业，相反，大学生创业企业更应该注意投资的风险性，树立风险意识，避免跟风投资、盲目投资。只有进行理性的分析，树立风险防范意识，才能避免大学生创业企业投资的“赌博”现象，使大学生创业企业正常发展。

（三）大学生创业企业财务管理的对策

1. 加强财务基础知识学习

首先大学生创业不能盲目凭着自己的理想而进行，对待财务管理必须要有明确的认识，并知道如何进行财务管理。加强财务管理专业基础知识的学习是十分重要的。进行创业的大学生只有了解了企业运作过程中的筹资、投资、营运以及利润分配等内容，才能正确处理大学生创业企业财务关系和进行有效的财务管理工作。

目前，各高校纷纷开展不同形式的创业培训活动，旨在使大学生了解创业，减少大学生创业的风险。如华中科技大学的“创业精英训练营”、武汉大学的“SYB 创业培训班”、武汉理工大学的“创业教育实验班”等，都为有意愿创业的大学生提供了创业学习平台。非财务专业的学生可以在培训班中学习财务管理知识，为创业做好准备。

2. 树立财务管理意识

大学生创业必须要树立财务管理意识，重视财务管理问题，建立完善的财务管理制度。此外，大学生不仅需要自己提高财务管理意识，更应该把财务管理意识融入大学生创业企业中。组织员工学习，举行定期的财务会议都能有效促进大学生创业企业财务管理意识的树立。

大学生创业之初，既然很难从无到有地建立一套较为完整的财务管理系统，何不去学习借鉴其他类似的中小企业财务管理制度呢？虽然情况可能不尽相同，面对的问题也是各有差异，但类似的经验还是可以学习的。

例如资金管理、成本核算、销售收入管理等财务管理制度，可以借鉴类似的经验再依据自身情况加以修改，来建立完善大学生创业企业的财务管理制度。

3. 规范财务基础工作

对于大学生创业企业而言，没有规范化的财务基础工作，财务管理也只能是空谈。原始凭证的收集保管、记账凭证的审核编制、财务报表的编报审核等工作都是财务基础工作的重中之重。加强对财务基础工作的重视是大学生创业企业财务管理的基础。在大学生创业企业发展过程中，应尽快摆脱财务人员一人身兼数职的尴尬局面。对大学生创业企业而言，聘请专业的财务人员虽然会增加相关费用，但行之有效的财务管理工作更是大学生创业企业财务管理必不可少的。规范化的财务管理基础工作要求同时建立监督审核制度，财务管理基础工作如果没有监督审核，往往会造成很大风险。大学生创业企业需要明确责任与分工，避免责任混淆不清。

4. 提高融资能力

对于大学生创业，国家和地区都出台了一系列优惠政策，充分了解国家政策、利用优惠政策是大学生创办企业所必须做到的。目前，专门针对大学生创业的国家优惠政策主要包括注册资金允许分期到位；毕业生创办国家指定行业企业可以享受一到两年的减免税；各银行、信用机构简化小额贷款程序；政府所属的人事机构免费为毕业生保管人事档案等多项优惠政策。与此同时，各地区也有一定程度上的优惠政策。这些优惠政策有助于大学生创业的资金筹集和企业发展，大学生创业有必要对其充分了解和利用。此外，融资的多元化也可以解决大学生创业企业资金紧张的问题。目前，我国的资本市场日益开放，对外联系的便利使得大多外资可以进入我国资本市场，大学生应该充分利用外资以解决融资困难的问题。

建立融资渠道更应该从企业自身出发，大学生必须树立财务管理意识、加强财务基础规范工作，建立良好的企业信用，更方便地从金融机构获得贷款。

5. 建立投资风险机制

理性的投资可以减少投资风险，确保投资收益，促进大学生创业企业发展。合理的投资需要做到以下几点。

（1）树立投资风险意识，明确投资风险。

大学生应该将对投资风险的管理上升到一定高度，真正重视投资风险，定期开展培训与自我培训，将风险意识融入大学生创业企业中，形成大学生创业企业文化。建立投资风险评估机制可以有效防范风险的产生，运用如“阿尔曼”模型、概率模型等建立预警机制，运用净现值法、差额投资内部收益率比较法等方法计算投资项目的可行性。在投资项目实施前充分了解投资项目，明确投资收益，避免盲目投资、跟风投资。

（2）建立风险应对机制。

投资风险不能完全避免，因此，如何将风险降低到可以接受的范围也是大学生所必须掌握的。大学生创业企业应该建立一个总体的投资风险应对机制，并在不同投资项目实施前制定相应的明确的风险应对措施，以明确投资风险发生后大学生创业企业的对策，避免因风险产生而造成的混乱。

（3）拓宽信息获取渠道。

信息获取的准确性、有效性和及时性是大学生创业企业合理投资的关键因素。目前，大学生创业后获取信息的渠道众多，但如何获取有效的信息仍是许多大学生所迷茫的问题。信息的获取是多方面的，关注国家实时的经济政策，加强与其他企业的合作，加强与行业内部的交流，关注国际经济动向等都有助于大学生创业企业获取投资信息。

（4）建立监督机制。

投资风险的产生可能源自外部，也可能是由于内部问题，建立投资风险监督机制，将投资绩效与权责挂钩，明确奖惩制度，以避免盲目投资、不理性投资。

第二节　大学生创业企业营销

“创业难，守业更难”，这是无数创业者发出的同一感慨。很多创业企业在经历了一个成功的开局后，却没能华丽地转身，这其中有很多的原因导致创业的失败。人们常常把创业失败的原因归咎于资金缺乏、融资不畅或者管理失误等。然而，当我们经过更深入的探究就会发现，真正的问题在很大程度上与市场营销有关。创业企业的发展最核心的问题是其差异化的营销策略与核心竞争能力的培养。作为一名创业者，应该要学会找准目标市场，评估目标市场的需求和规模，建立畅通的销售渠道，选准有效的销售战略和手段，以及改善与顾客的关系等技巧。只有这样，才能在激烈的市场竞争中存活下来并不断发展壮大，把“业”守住。

一、大学生创业企业在营销上存在的问题

（一）客观问题

1. 创业教育落后

根据有关调查，虽然大学生的创业意愿强烈，但是其创业知识薄弱，对所

在大学的创业教育普遍评价不高。同时也发现各高校创业教育较为同质化，把创业教育看成一种活动，没能完善适合国情的教育模式和教育监督评价体系，一些教师和学生均没能投入精力。政府在创业教育上的政策支持也相对落后，扶持资金无法满足创业项目。

2. 创业融资难

据共青团中央的数据调查，我国自主创业的毕业学生认为其创业的最大障碍是“缺乏资金”。融资是当下大学生创业必须面对的重要问题，首先，我国政策支持缺乏连续性，学生面临着“二次贷款”困难的问题。其次，大学生没有固定资产抵押，没有足够的人际关系网，没有融资经验等，因此学生融资渠道狭窄。最后，信贷市场上融资的信息不对称问题导致容易出现道德风险而骗取贷款，银行风险上升而加剧融资门槛，创业者更加难以融资，形成恶性循环。

3. 市场竞争激烈

创业企业参与竞争的过程是动态变化的，创业企业处于现代商业网络之中，势必要和多个企业发生竞争关系，故存在着来自多方的压力。大学生创业企业受到来自相同境遇下其他创业企业的压力，首要面临的现实问题就是其是否能够获得学校或政府的资助；其次市场上成熟的同类型企业，更是其强大的对手，如何与之在市场上博弈，也是创业企业生存的关键点。但“在竞争中合作，在合作中竞争”也是当代企业之间打破传统战略格局的关键。

（二）主观问题

1. 营销知识不健全

当下大学生的创业教育不够完善，大多数创业学生虽然课业成绩可能较好，但思想观念依然停留在传统营销思维上，无法有效跟上快速变化的发展。

2. 缺少营销实践经验

市场营销课程作为一门实践性和应用型很强的学科，长期以来高校均重视理论教学，而忽视实践教学。同时，如今大学生虽独具特性但缺乏坚韧的意志力和自制力，在组织协调和人际沟通能力上存在较大的问题，对社会上的人情世故了解甚少。由此，没有经验地创业，常常导致既无法学以致用，又无法理性判断，以及做出正确决策。

3. 缺失稳定的创业心态

有关数据显示，大学生创业不论对创业融资还是产品营销均抱着较为急功近利的态度，过于积极的心态也显示他们没有做好进行长期不断改进创业的准备。由此会造成两种情况：第一，学生融资预期过高，导致融资受阻或失败之后，创业者会受到较大打击，无法持续进行经营；第二，部分学生自我满足感强，容易安于现状而错失良机。

二、大学生创业企业的营销策略

（一）营销策略的制定与实施

营销策略的实施是一门很深的管理艺术，它不完全是简单的营销技战术的使用。在营销策略实施的过程中，必须综合考虑多方面的影响因素，优化配置资源，才能保证营销策略的成功。其中，必须考虑创业企业整个系统的状况，既要考虑企业的战略、结构和体制三个硬因素，又要考虑作风、人员、技能和共同价值观等软因素。一般来说，营销策略的制定和实施可以从以下几个方面着手。

1. 了解所在行业的情况

①你所处的行业是一个什么行业?

②你这个行业的消费群有什么特点?

③你的同行业者有多少?

④谁是你的主要竞争者?

⑤他们有什么变化?

⑥你们是通过什么方式和渠道销售产品的?

⑦有其他的渠道和途径吗?

2. 明确公司的战略步骤

①公司有战略规划吗?

②公司的战略规划目前是否存在问题?

③你是否完全透彻地了解公司的战略步骤?

④你制定的营销策略不能和公司战略相违背与冲突。

3. 制定策略组合

策略组合是你打算如何有效利用公司现有的资源，最大限度地利用、创造最大价值的组合过程，每一策略之间要连接起来，不是孤立的、脱离的。常用的策略有目标市场策略、竞争策略、产品卖点策略、产品线策略、品牌策略、传播策略、渠道策略、价格策略、促销策略。

4. 定位品牌

品牌是消费者与产品情感的联系、精神的寄托。品牌必须上升到精神层面，有自己的主张，才能引起消费者真正的内心共鸣。每一次的品牌创意就是一个苦苦探索的解码过程，不但要破译市场的密码，还要破译消费者心灵深处的密码。企业的品牌定位要独特、清晰。

5. 明确品牌诉求

必须清楚地知道，品牌定位和品牌诉求要配合。诉求，是向消费者说什么。说得太长，消费者记不住；说得太多，他是没有耐心的，听不进；说得太杂，他不知道你说的是什么；说得太专业，他无法理解，所以，品牌诉求要单一精准。如“农夫山泉有点甜！”就是品牌诉求的典范。

6. 明确品牌发展策略

你打算如何发展品牌？是单一品牌坚持到底，还是多品牌同时发展？是重点推广哪个品牌，还是放弃哪个品牌？你必须非常清楚自己的思路。

7. 做好品牌形象设计

要根据不同的产品，销售给不同的对象而设计不同的包装。不能千篇一律，没有区别。例如，若产品是作为家庭用品，就要简易，突显产品品质；若是作为礼品用，就要豪华，突出品牌形象；若是专用装，就要尊荣华贵，突显品牌形象。

8. 策划渠道运作

你要清楚这个行业的厂家情况及主要竞争对手，进行 SWOT 分析。对手的下列情况需要了解：市场方面；价格方面；渠道方面；传播方面；促销方面。

你要非常清楚这个行业不同类型的竞争对手，如有杂牌军、品牌军等。

9. 制定应对对手的策略

了解以上情况，把握了杂牌军、品牌军的一切情况，再来针对不同的对手，做不同的对策。

对策主要包括：不同类型的竞争对手，分别采取不同的战术；定价策略；渠道策略与管理；重点市场与非重点市场策略；终端的管理模式；建立销售支持系统。

10. 策划传播

①是否利用科学高效的整合传播方式？

②有什么特殊的传播方式？

③选择媒体做广告吗？

④加大人员推广吗？

⑤建立电话行销吗？

⑥建立样板市场传播吗？

⑦搞新闻发布会吗？搞招商会吗？

⑧针对不同通路的特点，是否采用不同的推广工具？

⑨是否建立终端样板店？

一套科学的营销策略是需要一步步来明确的，不是坐在办公室想出来的，所以，在制定营销策略前，最好深入一线了解消费者需要什么以及经销商现状，多听他们的意见，多想想他们，这样制定的营销策略基本不会偏离方向。

（二）针对大学生创业企业的营销策略

1. 构建创业型营销模式

创业企业要长期存活，需要以创业营销的思维策略打入市场。传统营销认为销售更多是一个静态被动的营销方式，看重短期的低风险和收益。有学者认为创业营销必须是跨界的、跨功能的、跨原则导向的。创业营销关注的是从产品研发到客户关系管理的多层次上营销的促进作用。大学生创业企业应该把创业精神充分地赋予营销，构建符合自身的创业型营销模式。通常来讲，由于创业活动既复杂也动荡，为更好地进行创业营销，创业者需要利用整合思维，处理好企业长期发展和短期发展的战略关系，由上至下具体实施操作，并辅之以有效的前馈和反馈机制，推动营销活动的实施。

2. 设定企业的营销行为

创业企业的新产品要真正留住市场，需要从购买意向上设定企业的营销行为。创业企业的新产品是持续保持市场活力的重要因素，因此在营销策略方向上，第一可以从行为态度上考虑。大学生创业企业更具有社群营销优势，以更亲切的态度进行销售，能够较快速地赢得顾客。第二可以从面子意识上考虑，新产品的宣传侧重点会影响购买者的意识。对于大学生创业企业来说，针对不同消费群体的营销侧重点可有所差异，以便更好地抓住顾客。第三可以从群体一致性上考虑，更强调创业企业应该给消费者更多消费后的归属感。第四从感知行为控制上来说，大学生创业企业的营销策略通常注重售出，而非留住顾客。大学生创业企业的营销策略可加入更多适合学生群体的感性回报，同时做好售后服务工作。

3. 培养持续营销力

创业企业要向上发展，需要有持续营销力。大学生创业企业的规模一般不大，企业营销策略更像是“单个作战”，通常无法产生持续的营销力。显然，大学生创业企业发展之初，持续营销力有限，可以在定位、产品、价格和渠道上多方下功夫，培养持续营销力。

参考文献

[1] 白涛．学生就业指导与创业教育 [M]．哈尔滨：哈尔滨工程大学出版社，2010．

[2] 陈安之．创业成功的 36 条铁律 [M]．广州：广东经济出版社，2002．

[3] 吴运迪．大学生创业指导 [M]．北京：清华大学出版社，2012．

[4] 程艺．大学生职业发展与就业指导 [M]．合肥：安徽大学出版社，2009．

[5] 丁栋虹．创业学 [M]．上海：复旦大学出版社，2014．

[6] 丁栋虹．企业家精神 [M]．北京：清华大学出版社，2010．

[7] 付遥．创业时代 [M]．北京：中信出版社，2015．

[8] 葛建新．创业学 [M]．北京：清华大学出版社，2004．

[9] 葛玉辉，李肖鸣，申舒萌．大学生创业测评 [M]．北京：清华大学出版社，2010．

[10] 耿飞．这些项目不要钱 [M]．北京：中国戏剧出版社，2011．

[11] 韩雪，周颂．大学生创业宝典 [M]．北京：中国金融出版社，2013．

[12] 侯慧君，林光彬．中国大学创业教育蓝皮书：大学生创业教育实践研究 [M]．北京：经济科学出版社，2011．

[13] 黄海燕．大学生创业教育 [M]．长沙：湖南师范大学出版社，2013．

[14] 李爱卿，叶华．大学生创业基础 [M]．北京：清华大学出版社，2015．

[15] 李纲，张胜前．大学生创业指导 [M]．北京：国防工业出版社，2010．

[16] 李娟．科技创业 [M]．武汉：华中科技大学出版社，2011．

[17] 李时椿，常建坤．创业基础 [M]．北京：高等教育出版社，2014．

[18] 吴晓义．创业基础：理论、案例与实训 [M]．北京：中国人民大学出版社，2014．

[19] 梁巧转，赵文红．创业管理 [M]．北京：北京大学出版社，2007．

[20] 刘东燕．创业基础 [M]．重庆：重庆大学出版社，2013．

[21] 梅强．创业管理 [M]．北京：经济科学出版社，2011.
[22] 庞开山．大学生就业与创业法律实务 [M]．合肥：中国科学技术大学出版社，2011.
[23] 芮明杰．管理创新 [M]．上海：上海译文出版社，1997.
[24] 孙陶然．创业 36 条军规 [M]．北京：中信出版社，2015.
[25] 王彦长．市场营销理论与实务 [M]．合肥：安徽大学出版社，2012.
[26] 王绎．大学生零资本创业 [M]．北京：科学出版社，2010.
[27] 吴克明．中国大学生就业问题研究 [M]．济南：山东人民出版社，2015.